# 师范生教学实践能力与综合素养培养研究

姜　维　著



中国商业出版社

**图书在版编目（CIP）数据**

师范生教学实践能力与综合素养培养研究 / 姜维著
. -- 北京 : 中国商业出版社, 2023.12
ISBN 978-7-5208-2811-6

Ⅰ. ①师… Ⅱ. ①姜… Ⅲ. ①师范教育—师资培养—研究 Ⅳ. ①G655.1

中国国家版本馆CIP数据核字(2023)第247289号

责任编辑：陈　皓
策划编辑：常　松

中国商业出版社出版发行

（www.zgsycb.com 100053 北京广安门内报国寺1号）

总编室：010–63180647 编辑室：010–83114579

发行部：010–83120835/8286

新华书店经销

定州启航印刷有限公司印刷

*

710 毫米 × 1000 毫米 16 开 14.25 印张 210 千字

2023 年 12 月第 1 版 2023 年 12 月第 1 次印刷

定价：78.00 元

* * * *

（如有印装质量问题可更换）

# 前言

教育是人类社会特有的一种社会性活动，是社会发展到一定阶段的必然产物，反之，教育又是社会进步和发展的前提和基础。教育是国之大计、党之大计，办好人民满意的教育，不仅是党和国家持续发展的需要，也是广大人民群众的殷切期盼。

师范教育是教育工作的母机，是培养师资的主要阵地。师范教育的主要任务和使命在于培育合格师资以推动基础教育的发展。师范教育的开展受到诸多因素的影响，不仅包括教师、学生、设备、场地等校内的多种因素，还包括政治、经济、文化、科技等校外的社会因素。因此，师范教育工作并非易事。

师范毕业生是师范教育的重要“产品”，他们不仅是师范教育人才培养过程的结果，而且是基础教育高质量、可持续发展的重要保障。从基础教育高质量、可持续发展的角度来看，它需要师范教育为基础教育输送源源不断的优秀师资，为基础教育师资队伍的稳定性、专业化、发展性提供保障。从师范教育人才培养过程的角度来看，师范生的培养是一项长期、复杂的系统工程，涉及各个方面的因素，其中，师范生的教学实践能力和综合素养培养尤为重要，这不仅关乎师范教育质量，还影响着师范生毕业后的就业问题。

鉴于此，笔者撰写了本书，其理论意义和实践价值自是不言而喻。笔者在本书的创作过程中，在内容编排上共设了六章，各章节内容如下。

第一章主要阐述了研究背景、目的及意义，分析了相关的核心概念，论述了师范生教学实践能力与综合素养之间的辩证关系，奠定师范生教学实践能力与综合素养培养研究的理论基础。第二章主要围绕全面培养师范生教学实践能力与综合素养的意义与价值进行了论述，进一步强调教学实践能力和综合素养对于师范生学习、工作和发展的重要性。第三章主要从构成要素、形成特征及影响因素三个角度入手，对师范生教学实践能力进行了分析，旨在全面、充分地认识师范生的教学实践能力，从而更有针对性、更有效地培养师范生的教学实践能力。第四章主要介绍了师范生教学实践能力中具有代表性的几个能力，即教学设计能力、课堂教学能力、教学评价与反思能力、教学研究能力，并着重讲解培养这些能力的重要性以及具体的培养策略。第五章主要从构成要素、形成特征及影响因素三个角度入手，对师范生的综合素养进行了分析，旨在全面、充分地认识师范生的综合素养，从而更科学、有效地培养师范生的综合素养。第六章主要探讨了师范生综合素养中的思想素养、知识素养、能力素养及身心素养，并重点论述了培养这些素养的重要性及策略。

由于笔者知识和水平有限，书中不足之处在所难免，恳请读者多提宝贵意见，以便不断改进与完善。

# 目　录

# 第一章
# 绪　论

# 第一节　研究背景、目的及意义

## 一、研究背景

随着教育事业的发展和教育改革的深入，教师素质和教育质量已经成为全社会关注的焦点。在这个过程中，师范生作为未来教育工作的主力军，他们的教学实践能力和综合素养的培养显得尤为重要。因此，本书以《师范生教学实践能力与综合素养培养研究》为题，旨在探讨如何通过教育改革和创新提升师范生的教学实践能力和综合素养，从而更好地为教育事业服务。

近年来，国家对师范生的培养方式和教育体系进行了一系列的改革和创新，如提高师范生的培养质量，建立完善的师范生招生政策，改进师范生的实习制度等。如何在教育改革的背景下，更好地提高师范生的教学实践能力和培养综合素养，已经成为教育界和社会各界关注的问题。

### （一）基础教育对师范生培养质量要求越来越高

随着社会的快速发展，基础教育在国家发展中的地位日益显著，对于师范生的培养质量要求也越来越高。这主要表现在以下几个方面。

首先，教育改革和发展需要教师具备更高的教育教学能力。新时代的教育改革强调素质教育、个性化教育和创新教育，需要教师具备较高的教育教学能力，以满足学生的多元化需求。这就要求师范生在培养过程中，注重教学实践能力的提高，掌握先进的教育教学方法和技巧，以适应基础教育的发展需求。

其次，社会对教师职业素养的期待越来越高。教师作为国家发展的基石，其职业素养直接关系到教育质量和人才培养。师范生需要具备严谨的治学态度、良好的道德修养、扎实的学科知识和高度的教育责任感，才能胜任基础教育工作。因此，师范生在培养过程中需要注重职业素养的培养，提高自身的综合素质。

再次，全球化背景下，教育工作需要具备国际化视野和竞争力。教育全球化要求教师能够关注国际教育发展动态，掌握国际化的教育教学方法，培养具有国际竞争力的人才。这就要求师范生在培养过程中，拓宽国际视野，加强外语学习和跨文化交流，提高自身的国际化水平。

最后，教育信息化和科技发展对教师的要求越来越高。现代教育技术的广泛应用，使得教育教学方式发生了深刻变革。师范生需要具备较强的信息技术应用能力和创新意识，才能适应教育信息化的发展。

### （二）“互联网 +”时代使教师教学实践能力面临挑战

在“互联网 +”时代背景下，教师的教学实践能力面临着前所未有的挑战。这些挑战主要表现在以下几个方面。

首先，信息技术的迅猛发展对教师的信息素养提出了更高要求。“互联网 +”时代，教育信息化已经成为教育领域的重要发展趋势。教师需要具备较强的信息技术应用能力，才能充分利用现代信息技术优势，提高教育教学质量。这就要求师范生在培养过程中，注重信息素养的培养，掌握新兴信息技术，提高自身的信息技术应用水平。

其次，“互联网 +”时代对教师的教学创新能力提出了更高要求。教育信息化和网络技术的发展，为教育教学提供了丰富的资源和便捷的手段，要求教师在教学实践中充分发挥创新精神，探索适合学生发展的新型教学模式。这就要求师范生在培养过程中，培养自身的教学创新能力，关注教育教学前沿理论，探究适应“互联网 +”时代的教学策略。

再次，“互联网+”时代对教师的教育心理素养提出了更高要求。网络环境下，学生的学习方式、学习需求和心理特点发生了很大变化，要求教师具备较高的教育心理素养，以更好地满足学生的个性化需求。这就要求师范生在培养过程中，关注学生的心理特点，提高自己的教育心理素养，以更好地适应“互联网+”时代的教育教学环境。

最后，“互联网+”时代对教师的终身学习能力提出了更高要求。互联网技术的快速发展，使得知识更新迅速，教育教学理念不断变革。教师需要具备较强的终身学习能力，以不断提高自身的教育教学水平。这就要求师范生在培养过程中，养成良好的学习习惯，关注教育领域的新动态，持续地进行专业发展和自我提升，以适应“互联网+”时代的教育教学挑战。

### （三）教学实践环节对于师范生（准教师）和学生的重要性

教学实践环节是师范生将理论知识与实际操作相结合的过程，是检验师范生教育教学能力的关键时期。这一环节对于师范生的专业成长和学生的学术发展具有重要意义。教学实践环节对师范生和学生的重要性具体表现在以下几个方面。

#### 1. 提高师范生的教育教学能力

教学实践环节是师范生在真实教育教学场景中学习和成长的过程。在这个过程中，师范生能够将所学的教育理论、教育心理学、教育法律法规等知识运用到实际教学中，提高自己的教育教学能力。同时，通过对实际教学过程中出现的问题进行分析和解决，师范生能够更好地理解教育教学理论，提高自己的教育教学素养。

#### 2. 锻炼师范生的组织管理能力

在教学实践环节中，师范生需要全面负责教学班级的教学、管理和服务工作。通过亲身参与课堂管理、班级活动组织、家长沟通等工作，师范生能够锻炼自己的组织管理能力和沟通协调能力。这些能力对于未来成为一名合格的教育工作者具有重要意义。

3. 促进师范生的职业认同感和职业责任感

教学实践环节使师范生深入了解教育教学工作的实际情况，使他们更加明确自己的职业定位和发展方向。在实际教学过程中，师范生能够深刻体会到教育教学工作的艰辛与光荣，从而增强职业认同感和职业责任感。

4. 有利于学生的学术发展

对于学生来说，教学实践环节是一个全新的学习体验。学生能够在实际教学过程中体验到师范生所运用的教育教学理念和方法，从而激发学生的学习兴趣和积极性。此外，师范生在教学实践过程中，能够关注学生的个体差异，采取个性化的教学策略，有针对性地指导学生学习，从而有利于学生的学术发展。

5. 培养学生的综合素质

在教学实践环节中，师范生不仅关注学生的学术表现，还关注学生的身心健康、道德素养、团队协作等方面的发展。通过举办丰富多样的课外活动、组织学生参加各类竞赛、引导学生进行自我反思等方式，师范生能够全面促进学生的综合素质培养。

6. 建立良好的师生关系

在教学实践环节中，师范生与学生之间建立起密切的师生关系。师范生通过关爱、尊重和理解学生，积极倾听学生的需求和困惑，为学生提供及时的帮助和支持。这种良好的师生关系有利于师生之间的沟通与交流，为学生创造一个和谐、愉快的学习氛围。

总之，师范生教学实践能力与综合素养培养研究具有重要的现实意义和理论价值。通过深入研究，期望找到解决现有问题的方法和策略，为提高师范生的教学实践能力和综合素养培养做出贡献，从而为我国教育事业发展注入新的活力。

## 二、研究目的

### （一）探究提高师范生教学实践能力和综合素养的有效途径

在教育改革和发展的背景下，提高师范生的教学实践能力和综合素养成为迫切的需求。本书的目的是深入探讨如何提高师范生教学实践能力和综合素养，以期为相关政策制定和教育实践提供有益的参考。围绕这一目的，研究将关注以下几个方面。

（1）理解教学实践能力与综合素养之间的关系。研究将分析教学实践能力与综合素养的内在联系，揭示它们之间的相互作用，为优化教育教学策略提供理论支持。

（2）识别影响师范生教学实践能力和综合素养的关键因素。通过对教育教学环境、师生互动、实践教学资源等因素的分析，找出影响师范生教学实践能力和综合素养的关键因素，为教育教学实践改革提供有力依据。

（3）关注教育教学改革的趋势。在分析现有教育教学实践的基础上，关注教育教学改革的新趋势和发展方向，为未来教育教学改革提供理论指导。

### （二）总结并推广师范生教学实践能力与综合素养培养经验

为了提高师范生的教学实践能力与综合素养，本书旨在总结和推广成功的培养经验，从而为教育部门、高校和教师培训机构提供实践指导。这一研究目的将关注以下几个方面。

#### 1. 对已有研究和成功案例的梳理

本书将对国内外相关研究进行深入分析，梳理并总结成功的师范生教学实践能力与综合素养培养策略，以期为后续的实践提供可借鉴的经验。

2. 关注实践中的难点与挑战

本书将关注教育教学实践过程中存在的难点与挑战，探讨如何克服这些困难，以期为教育教学实践提供有益的借鉴。

3. 推广适用于不同背景的经验

考虑到教育教学实践的多样性，本书将从实际出发，探讨如何将已有经验适应于不同背景的教育环境，使其具有更广泛的推广价值。

### （三）为师范教育改革和发展提供理论依据和实践指导

当前，我国教育事业正处于快速发展时期，教育改革不断深入，对于教师队伍的要求也越来越高。在这样的背景下，师范生教育作为培养教师的重要途径，必须不断适应社会发展的需要，进行改革和创新。本书通过对师范生教学实践能力与综合素养的关系、提高师范生教学实践能力和综合素养的有效途径等方面的深入探讨，旨在为师范教育改革和发展提供理论依据和实践指导。

首先，本书能够揭示教学实践能力与综合素养之间的内在联系，从而为培养具备高素质的师范生提供指导。本书将有助于理解教学实践能力与综合素养的互动关系，为高校师范生培养模式改革提供理论支持，以更好地实现教育教学目标。

其次，本书旨在发掘提高师范生教学实践能力和综合素养的有效途径。通过对教学实践的教育教学策略、实践教学资源等方面的研究，为师范生培养体系改革提供有益的建议，以提高师范生的综合素养和实际教学能力。

最后，本书为有关部门和高校提供了一份关于师范生教学实践能力与综合素养培养的策略方案，可为相关政策制定和实践改革提供参考。

通过本书，有关部门和高校可以更加明确师范生教育的方向，为培养更多优秀的教育人才做出贡献。

通过对本书目的的实现，期望为师范生教学实践能力与综合素养培养研究提供有益的启示，推动我国师范生教育改革与发展。此外，本书还希望为教育部门、高等院校和教师培训机构提供有益的理论指导和实践参考，推动师范生教学实践能力与综合素养培养的全面提升，为我国教育事业培养更多优秀的教育工作者。

## 三、研究意义

### （一）理论意义

#### 1. 丰富了现有的教学能力、综合素养理论

在过去的几十年里，教学能力理论一直在不断发展和完善。尽管众多研究者在这个领域取得了显著的成果，但关于教学实践能力的概念界定和内涵仍然存在许多争议和不足。因此，针对师范生教学实践能力培养的研究具有重要的理论意义，它可以在丰富现有教学能力理论的基础上，为师范生的教学实践能力培养提供更为全面和有效的指导。

首先，本书通过系统梳理和辨析教学实践能力的内涵，为教学能力理论提供了新的视角。在对现有理论进行综合分析的基础上，研究者能够更好地把握教学实践能力的本质特征，从而为教育工作者提供更为明确和科学的指导。这对于提高师范生的教学水平和教育质量具有重要意义。

其次，本书重新解析了教学实践能力的结构要素，并分析了相关的影响因素。这一方面有助于揭示教学实践能力的多维性和复杂性，使教育工作者更好地理解和把握这一概念；另一方面，对影响师范生教学实践能力的因素进行深入剖析，有助于发现其成长和发展的关键环节，为教育实践提供有益的启示。

最后，本书关注师范生的综合素养培养，强调了教学能力与综合素养之间的内在联系。通过研究发现，教学能力的提高需要在综合素养培养的基础上进行，而综合素养的提高也有赖于教学实践能力的锻炼和提高。因此，本书有助于建立一个更为全面和协调的师范生培养体系，以促进师范生在知识、能力和素养等多方面的全面发展。

2. 丰富了师范生教学实践能力与综合素养培养的研究成果

在师范生教学实践能力与综合素养培养方面，过去的研究已经取得了一定的成果，然而，针对师范生这一特殊群体的研究仍然存在较大的空白。本书从师范生教学实践能力与综合素养培养的角度出发，旨在丰富相关研究成果，为师范生的专业发展提供更为全面和深入的理论支持。

一方面，本书关注师范生教学实践能力与综合素养培养的特殊性和复杂性。由于师范生既不同于一般的大学生，也不同于传统意义上的教师，因此，其教学实践能力培养需要综合考虑个人、专业和社会等多方面的因素。通过深入分析这些因素及其相互作用，研究者可以更好地理解师范生教学实践能力与综合素养培养的内在机制，从而为相关政策制定和实践提供有力的支持。

另一方面，本书关注师范生教学实践能力与综合素养培养的多样性。针对不同学科、专业和个体的差异，研究者提出了一系列有针对性的培养策略和方法，以适应师范生教学实践能力与综合素养发展的多样性需求。这些研究成果不仅有助于丰富现有的师范生教学实践能力与综合素养培养理论，还为教育实践提供了更为灵活和有效的指导。

**（二）实践意义**

1. 有助于提高师范生的专业能力

专业能力是教师从事教育教学工作的基本条件，对师范生而言，具备高水平的教学实践能力和综合素养是其成为合格教师的必备条件。本书旨在提高师范生的专业能力，从而促进他们在未来的教育教学工作中发挥更大的作用。

一方面，本书有助于提高师范生的教学实践能力。通过分析和探讨师范生在教学过程中可能遇到的问题，分析其影响因素，以及改进师范生教学实践能力培养中的薄弱环节，本书为师范生提供了有效的指导。同时，通过对教学实践能力培养过程的深入研究，可以为师范生提供更为系统、全面的培训方案，使他们在实际教学过程中能够更好地应用所学知识和技能，从而提高其专业能力。另一方面，本书有利于培养师范生的综合素养。综合素养是教师成功开展教育教学工作的重要保证，包括教育观念、教育心理、沟通协作能力等多个方面。通过对师范生综合素养培养的研究，可以为教育工作者提供更为全面、科学的培训途径和方法，为教育工作者专业能力的提升奠定基础。

除此之外，本书还有助于提升师范生的自我发展能力。在现代社会，教师的角色日益复杂，对教育教学工作的要求也越来越高。因此，师范生需要具备较强的自我发展能力，以应对不断变化的教育环境。通过深入研究师范生教学实践能力与综合素养培养，可以帮助他们更好地认识自身的优势和不足，提高自我评价和自我调整能力，从而实现持续的专业成长。

### 2. 有利于教师队伍的专业发展

通过深入研究和探讨师范生在教学实践中的能力培养及其综合素养提升，这不仅关乎师范生个体的成长和发展，更关乎教师队伍的质量提升和教育事业的健康发展。师范生作为准教师，其教学实践能力的提升对教师队伍的专业发展具有深远的影响，主要体现在以下两个方面。

第一，提升师范生教学实践能力有助于培养一支具备高水平教学技能和创新能力的教师队伍。通过深入研究师范生教学实践能力提升策略，可以为师范生提供更科学、系统的培训方案，使其在未来的教育教学工作中能够更好地应用所学知识和技能。这将有利于整个教师队伍在教育教学中不断创新，提高教育质量。

第二，提升师范生教学实践能力有助于提高教师队伍的教育教学研究能力。师范生在提升教学实践能力的过程中，将对教育教学过程中的各种现象和问题有更深入的理解，进而提高其教育教学研究能力。这将有助于整个教师队伍在面对教育实践中的问题时，能够运用科学的研究方法找寻解决方案，进一步提升教育教学质量。

## 第二节　核心概念界定

### 一、师范生

师范生是师范教育的对象，他们接受师范教育的主要原因在于其将来要从事教育教学工作。师范生是指就读于全日制高校师范类专业的大学生，包括数学、化学、教育技术学、地理科学等专业的学生，在校期间学习教育教学相关的理论与知识，参与教育实践，主要就业方向为从事教育教学工作，是教师队伍的主要来源。

《教育大辞典》对师范生做出如下定义：来自各类师范院校或者教育师资培训机构的学生，所修专业为教育方向，未来从事与教育相关的工作的一类大学生，包括本科生和专科生。①

如今，师范生的培养已不仅仅局限于师范院校，其他综合性大学相

① 顾明远．教育大辞典[M]．上海：上海教育出版社，1998：411.

关专业毕业生通过修习指定科目并达到毕业要求的学生也可称为师范生。

## 二、教学实践能力的相关概念

### （一）教学能力

教学能力，单纯根据字面意思来理解，是指教学所需要的能力。为了便于充分理解教学能力的概念，首先对“能力”这个词进行讨论。能力是一个极其广泛的概念，在西方心理学中，一般将能力看成是智力的对应面，并把它划分为两种类型，分别为已经具备的能力、潜在力量。

很多学者认为能力应该与活动联系到一起进行理解，如学者罗树华、李洪珍认为，能力形成于实践认识活动，需要以人的生理和心理素质为基础，在任务完成过程中得以发展，是一种能动的力量。[①]由此可以看出，能力是个体在一定的活动情景中，以已有的知识和技能为基础，对活动效果具有直接影响的力量集合。

关于教学能力的概念，可以按照能力概念的逻辑演绎，把能力的概念作为逻辑起点，将教学能力概括为在教学理念的指导下，完成教学目标活动、促进学生身心发展所应该具备的所有能力。其中，“教学”一词对“能力”具有情境的限制性，“能力”对“教学”具有直接的影响力。

### （二）实践能力

关于实践能力的概念，在此将按照“说词解字”的方式进行，基于前文的叙述，对于能力的概念已然十分清晰，在此重点探讨“实践”一词的意思。在马克思主义哲学的视角下，实践被定义为：人类有目的地改造客观世界、探索客观世界所进行的一切社会性的客观物质活动。根据这一定义可知，认识和实践之间是相互影响、相互作用的关系，实践是认识的前提，是认识的源泉，而以实践为基础得以形成且在实践的反

① 罗树华，李洪珍．教师能力学[M]. 济南：山东教育出版社，2000：8.

复不断检验得以确立的真理，又指导着实践不断发展与深入。基于这种认知指导，实践能力可以被定义为：一种形成于客观物质活动中的能力，或者在改造客观物质世界的实践活动中应当具备的一项能力。

我国学者刘磊、傅维利基于哲学、心理学和教育学三个维度，对实践能力做出如下定义："保证个体顺利运用已有知识、技能去解决实际问题所必需具备的那些生理和心理特征。"①

综上所述，不难发现，在实际问题的解决中，实践能力起着至关重要的调节和控制作用，是个体在解决实际问题的过程中所显现出来的综合性能力。根据实际问题类型的不同，可以将实践能力划分为两大类，分别为一般实践能力和专业实践能力。其中，一般实践能力是指大多数人都具备的解决日常生活问题的能力；专业实践能力是指职业人员通过对专业知识和技能的合理应用，来解决专门性问题的能力。

### （三）教学实践能力

从表面形式来看，教学实践能力是教学能力和实践能力的组合体，但这种组合并非 $1+1 \geqslant 2$，而是融合了教学能力的教育性和实践能力的实践性的一种能力系统。从所属关系来看，教学能力、实践能力、教学实践能力都是能力的下位概念。由于教学实践能力是在具体的学科教学操作实施行为中得以显现，具有学科情景性，基于此，在对教学能力、实践能力分析的基础上，再结合诸多学者对教学实践能力概念所做的界定，笔者对教学实践能力做出如下定义：教学实践能力是指教师基于正确教育理念的指导，以学科教学为依托，基于教师教学经验反思和提炼后形成的实践性知识，选择一定的教学方法，解决具体学科教学实际问题、完成学科教学活动所需的能力集合。

① 刘磊，傅维利．实践能力：含义、结构及培养对策[J]．教育科学，2005（2）：1-5.

### （四）教学能力与教学实践能力的区分

在关于教师能力的研究中，尤以教师的教学能力和教学实践能力的研究较多，对此概念的理解见仁见智。由于至今尚未形成统一的认知，在实际的调查研究中，诸多研究者将教学能力、教学实践能力的概念相互替代使用。为了有效避免后面的研究产生歧义，在此研讨教学能力与教学实践能力之间的区别。基于前文的论述，可以看出，能力是一个极其宽泛的概念，冠上教学帽子的"能力"，从属性上来看，虽然有了情境的限制，但对教学而言，仍然具有一定的广泛性。而教学实践能力是对教学能力的再聚焦，针对的是具体的学科教学事件。从实施过程来看，教学能力主要涉及以下几种能力，包括课堂教学前准备阶段所需的能力、课堂教学实施阶段所需的能力、课堂教学实施后自我反思和自我教育的能力。教学实践能力则更多地侧重于为教学实施过程而服务，从某种意义上说，教学能力是教学实践能力的上位概念。

## 三、综合素养的相关概念

### （一）素养

素养不只是个人全面发展的重要组成内容，还是衡量一个人综合发展水平的重要指标。在我国，素养一词最早可追溯到《汉书・李寻传》中："马不伏历，不可以趋道；士不素养，不可以重国。"这段话的意思是："马匹没有得到足够的营养，是没有力气在路上奔驰的；人没有足够的能力，是没有办法使国家强盛的。"这段话中的"素养"是指修习涵养。在《现代汉语词典》中，"素养"被定义为"平日的修养"。

关于"素养"的概念，我国学者有着不一样的见解。例如，邓伟认为，素养是一个人"行为习惯"的综合反映，是一个人的思维方式，是一个人的"人格"。[①] 许福生认为，素养指的是一个人的修养，是一个人

① 邓伟．培育学生核心素养研究[M]．银川：宁夏人民出版社，2020：5-6.

在品德、知识、才能和体格等方面由先天的条件和后天的学习与锻炼所产生的综合结果。[①]

综上所述，笔者认为素养形成于社会生活与实践中，是一种受多种因素影响、不断变化和发展的品格和能力，是对人的知识、情感、态度、能力、人格等方面的综合反映，是衡量人身心全面发展水平的重要指标。

### （二）综合素养

综合素养是关系性思维的产物，主要是指人的肉体和精神、认识与实践等多方面协调发展，普遍适应现实生活中各种各样的变化和挑战所具备的能力与品质。

从教育心理学角度来看，可以将综合素养的内涵和结构做出三种不同的构想：第一种是分层模型，即综合素养呈现格式塔结构；第二种是弥散模型，即由身心、观念、知识、能力、方法等基本要素构成的错综复杂的多层多维结构模型；第三种是“评价”模型，即从评价角度入手，提出综合素养的基本组成要素。其中，弥散模型中各个组成要素不仅与人们的日常生活、学习、工作息息相关，还与中小学教育教学实践活动有着较高的关联性。因此，这一模型是目前认可度较高的构想，具有一定的教育指导意义。

要想准确界定综合素养的概念，有必要厘清综合素养和核心素养之间的区别。综合素养不等同于核心素养，两者是既有区别又紧密相连的关系。相比于核心素养，综合素养有着更广阔的范围，但其发展离不开核心素养，核心素养对综合素养中的关键性要素做出了详细、具体的描述，便于人们对综合素养的认识，尤其是对不同层次、不同方面素养的关系把握变得更加清晰。

综上所述，综合素养不是某个单一的素养，而是多种素养的联系和组合，是多个不同素养之间的不断磨合，相互交融，相互影响，相互促

① 许福生．职业素养与就业创业指导[M]．上海：上海教育出版社，2021：4.

进，联结加强的产物。

### （三）师范生的综合素养

在我国古代，关于对教师的要求，很多著作中都有所提及。例如，《礼记》中提出："君子既知教之所由兴，又知教之所由废，然后可以为人师也。"这句话的意思是："教师既要懂得教育成功的因素，也要知道教育失败的原因，然后才能胜任教师的工作。"《论语》中提出："学而不厌，诲人不倦。"这句话的意思是："学习而不觉满足，教诲别人而不知疲倦。"《师说》中提及："师者，所以传道受业解惑也。"这句话的意思是："老师，就是传授道理、教授学业、解释疑难问题的人。"我国古代学者对教师提出的这些要求，对于作为"准教师"的师范生来说，具有非常重要的现实意义。

在当代，对于师范生的综合素养，我国学者也提出了不同的看法。例如，梁卓欣认为，师范生综合素养主要包括思想素养、知识素养、能力素养以及身心素养四个方面。① 江立员、李红认为，师范生综合素养主要包括人文精神、科学素养、艺术修为、文理兼备、实践能力等。②

综上所述，笔者认为，师范生的综合素养指的是师范生在社会实践生活与工作中表现出的思想信念、知识、能力、人格、精神等方面的综合素质与修养，是衡量师范生全面发展水平的关键指标。

---

① 梁卓欣．教师资格国考背景下高校师范生综合素养培养[J]．佛山科学技术学院学报（社会科学版），2017，35（6）：85-89.

② 江立员，李红．全科型教师视阈下小学教育专业师范生综合素养探究[J]．科学咨询（科技·管理），2018（11）：15-16.

## 第三节 师范生教学实践能力与综合素养的关系概述

### 一、教学实践能力是综合素养的外化表现

综合素养，作为教师在教育教学过程中所需具备的各种素质和能力的总和，是教学实践能力的重要体现。教学实践能力与综合素养之间存在着密切的关联，它们相辅相成，共同促进教师在教育教学过程中的成长与发展。

教学实践能力是师范生在教育教学过程中所表现出的各项能力，它是师范生综合素养的重要外在体现。教学实践能力不仅包括专业知识与技能的运用，还涵盖心理认知与应对能力、沟通与协作能力、创新思维与解决问题能力以及自我调整与持续发展能力等方面。

首先，教学实践能力体现在师范生对专业知识和技能的掌握与运用上。优秀的教学实践能力要求师范生能够熟练掌握并运用所学的专业知识和技能，将理论与实践相结合，因材施教。这种能力的提高有助于师范生更好地服务于学生的个性化成长，提高教育教学质量。

其次，教学实践能力体现在师范生的心理认知与应对能力上。师范生在教育教学过程中需要关注学生的心理特点和需求，善于发现和解决学生在学习、生活等方面的问题。具备良好心理素养的师范生能够准确把握学生的心理状态，采取有效的策略应对各类教育教学中的心理问题，为学生的健康成长提供有力的支持。

最后，教学实践能力体现在师范生的沟通与协作能力上。教育教学过程是一个涉及师生、家长、同事等多方参与的过程，师范生需要具备与各方沟通协作的能力。良好的沟通与协作能力有助于师范生与学生、家长和同事建立和谐的关系，形成共同推进教育教学工作的合力。

## 二、教学实践能力是综合素养培养的重要动力

### （一）教学实践能力的培养有助于提高知识素养

1. 深化学科知识理解

教学实践能力的培养要求师范生深入学习与掌握学科知识，以确保他们在教学过程中能够准确、系统地传授知识。在教学实践中，师范生需要解答学生的问题、组织课堂讨论等，这些过程都能帮助他们加深对学科知识的理解，从而提高知识素养。

2. 融合教育学与心理学理论

教学实践能力培养过程中，师范生需要将教育学与心理学理论应用于实际教学中。通过对教育心理学原理的运用，师范生能够更好地理解学生的学习需求和心理特点，进一步提升他们的教育教学水平，从而促进知识素养的提高。

3. 掌握教学方法与技巧

教学实践能力的培养要求师范生熟练掌握各种教学方法和技巧。在实际教学过程中，师范生需要不断尝试和探索，以找到最适合学生的教学方法。这一过程有助于师范生提高教学效果，同时也促使他们不断丰富和拓展自己的知识体系。

4. 提升沟通与组织协调能力

在教学实践中，师范生需要与学生、家长、同事等多方进行沟通与

协调。这一过程要求师范生具备较强的人际沟通能力，以便更好地传授知识、解决问题和调动学生积极性。通过这些实践活动，师范生可以不断提升自己的沟通能力，进而促进知识素养的提升。

## （二）教学实践能力的培养有助于提高思想素养

### 1. 培养批判性思维能力

在教学实践中，师范生需要不断反思自己的教学方法和技巧，以便发现问题并及时进行改进。这一过程要求师范生具备较强的批判性思维能力，以便更好地分析和评价自己的教学实践。通过实际教学经验的积累，师范生能够逐渐提高自己的批判性思维能力，从而提升思想素养。

### 2. 激发创新意识

教学实践能力的培养要求师范生勇于尝试新的教学方法和技巧，以适应不同学生的需求。在这个过程中，师范生需要具备创新意识，敢于突破传统教育模式的束缚，寻求更具创意和有效的教学方式。通过实践中的探索和尝试，师范生的创新意识将得到不断提升，从而提高其思想素养。

### 3. 塑造先进的教育理念

教学实践能力培养过程中，师范生需要树立以学生为中心的教育理念，关注学生的个性化发展和全面成长。通过在实际教学中运用这种理念，师范生能够更好地发挥教育的引导和启迪作用。这有助于师范生逐渐形成一种以人为本、关注学生发展的先进教育理念，从而提高思想素养。

### 4. 增强教育敏感度

在教学实践中，师范生需要关注教育现象背后的复杂问题，并努力寻求解决方案。这一过程要求师范生具备较高的教育敏感度，以便及时发现问题并采取措施加以解决。通过不断的实践和反思，师范生能够提高自己的教育敏感度，更好地关注学生的需求，从而提高思想素养。

5. 强化道德意识和责任感

教学实践能力的培养要求师范生具备较高的道德意识和责任感。在实际教学过程中，师范生需要关注学生的心理健康和道德成长，引导他们树立正确的人生观和价值观。通过这些实践活动，师范生可以不断提升自己的道德意识和责任感，从而提高思想素养。

6. 提升自主学习能力

在教学实践中，师范生需要不断地学习和补充自己的知识和技能。这一过程要求师范生具备较强的自主学习能力，以便在实际教学中更好地应对各种挑战。通过自主学习和教学实践相结合，师范生能够逐步提高自己的思想素养。

**（三）教学实践能力的培养有助于提高能力素养**

能力素养主要包括师范生在教育教学实践中所需的各种技能和应对挑战的能力。教学实践能力的培养对提高师范生的能力素养具有重要意义。

1. 提升教学设计和组织能力

教学实践能力的培养要求师范生具备良好的教学设计和组织能力。在实际教学中，师范生需要根据学生的需求和特点，设计合适的教学目标、教学内容和教学方法。通过在实际教学中反复实践和改进，师范生能够逐步提高自己的教学设计和组织能力，从而提升能力素养。

2. 增强课堂管理和引导能力

在教学实践中，师范生需要具备高效的课堂管理和引导能力。这包括合理分配课堂时间、维持课堂纪律、调动学生积极性等。通过实际教学经验的积累，师范生能够提高自己在课堂管理和引导方面的能力，从而提高能力素养。

3. 增进学生心理关怀与支持能力

在教学实践中，师范生需要关注学生的心理状况，提供适当的关怀与支持。这一过程要求师范生具备一定的心理辅导能力，以便及时发现学生的困扰和问题，并给予帮助。通过在实际教学中关注学生的心理需求，师范生能够提高自己的心理关怀与支持能力，从而提高能力素养。

4. 培养终身学习能力

教育是一个持续的过程，教师需要具备终身学习的能力，以便不断更新知识和提高教育教学水平。在实际教学中，师范生需要不断学习和反思，培养自己的终身学习能力。通过这种持续的自我提升，师范生能够在教育教学实践中不断进步，提高能力素养。

**（四）教学实践能力的培养有助于提高身心素养**

身心素养主要体现在师范生的心理健康、情绪调节、人际关系、自我调适等方面。教学实践能力的培养对提高师范生的身心素养具有重要意义。

1. 增强心理承受能力

在教学实践中，师范生需要面对各种挑战和压力，如学生问题的解决、家长沟通、课程安排等。通过不断的实践和锻炼，师范生可以逐渐提高自己的心理承受能力，更好地应对教育教学中的困难和挑战，从而提高身心素养。

2. 提升情绪调节能力

在教学实践中，师范生可能会遇到许多令人沮丧和失望的情况，如学生学习效果不理想、教学方法受到质疑等。通过实际教学经验的积累，师范生能够学会如何调节自己的情绪，保持积极的心态，从而提高身心素养。

3. 培养良好的人际关系

教学实践能力的培养有助于师范生建立良好的人际关系。在教育教学过程中，师范生需要与学生、家长、同事等建立和谐的关系，通过有效沟通和合作，共同解决问题。通过在实际教学中不断锻炼人际关系处理能力，师范生能够提高自己的身心素养。

4. 增强自我调适能力

在教学实践中，师范生需要适应不同的教学环境和学生特点。通过教学实践经验的积累，师范生能够学会如何根据实际情况调整自己的教学方法和策略，从而提高自我调适能力，提升身心素养。

5. 培养自我关爱与自我保护意识

在教学实践中，师范生需要关注自己的身心健康，学会自我关爱与自我保护。通过合理安排工作与休息时间、关注个人成长与发展，师范生能够在教学实践中保持良好的身心状态，提高身心素养。

6. 提升生活与工作平衡能力

教学实践能力的培养有助于师范生在生活与工作中找到平衡。通过合理分配时间和精力，师范生可以在保证教学质量的同时，照顾好自己的生活需求，从而提高身心素养。

7. 增强自我认知与自我反省能力

教学实践中的经验积累，使师范生能够更深刻地认识自己的优点和不足，从而进行有针对性的自我反省与改进。这种自我认知与自我反省能力有助于师范生在教育教学实践中不断成长，提高身心素养。

## 三、教学实践能力和综合素养相辅相成、共同发展

教学实践能力和综合素养之间存在着密切的联系，它们在教育教学过程中相互影响、相互促进，共同推动师范生的成长与发展。

### （一）教学实践能力的提高有助于促进综合素养的全面发展

通过教学实践，师范生可以将所学的理论知识和技能运用于实际教学场景，从而提高专业素养。同时，教学实践过程中对学生的心理特点和需求的关注和理解，有助于提高心理素养。此外，教学实践中与学生、家长、同事的沟通交流，以及教育教学活动的组织与协调，有助于提高教育沟通与组织协调能力。因此，教学实践能力的提高有助于师范生综合素养的全面发展。

### （二）综合素养的提高有助于促进教学实践能力的发展

具备较高综合素养的师范生，在教育教学过程中能够更好地运用专业知识和技能，关注学生的心理特点和需求，有效地与学生、家长、同事沟通交流，以及组织与协调教育教学活动。这些因素共同推动教学实践能力的发展，提高教育教学质量。

### （三）互动式教学实践有助于教学实践能力与综合素养的共同发展

互动式教学实践，包括课堂互动、学生互动、师生互动等，能够激发学生的学习兴趣和积极性，提高教学效果。通过互动式教学实践，师范生能够更好地理解和掌握专业知识和技能，提高心理素养，加强教育沟通与组织协调能力，从而实现教学实践能力与综合素养的共同发展。

### （四）反思性教学实践有助于教学实践能力与综合素养的共同发展

反思性教学实践是指师范生在教育教学过程中，对自己的教学行为、教学方法、教育观念等进行深入的思考和总结，从而不断调整和完善教学实践。通过反思性教学实践，师范生能够更好地认识自己的优点与不足，提高专业素养、心理素养、教育沟通与组织协调能力等方面的综合

素养，进一步提高教学实践能力。

### （五）实践导向的师范教育有助于促进教学实践能力与综合素养的共同发展

实践导向的师范教育强调将理论与实践相结合，注重师范生在实际教育教学过程中的能力培养。通过实践导向的师范教育，师范生能够在实际教学过程中不断完善自己的综合素养，提高教学实践能力。

# 第二章
# 全面培养师范生教学实践能力与综合素养的意义与价值

# 第一节　培养师范生教学实践能力的意义与价值

## 一、提高教育教学质量

提高教育教学质量一直是教育工作者关注的核心问题。师范生作为未来的教育工作者，其教学实践能力对教育教学质量具有重要影响。通过培养师范生的教学实践能力，可以有效提高教育教学质量，从而为社会培养出更多的高素质人才。

### （一）教学实践能力是教师教育教学工作的基本能力

师范生通过参与实际教学活动，熟练掌握各种教学技能和方法，能够更好地运用教育教学理论指导实践，适应不同学生的需求，调整教学策略，使教育教学活动更加有效。此外，教学实践能力还包括对教育教学过程的组织、管理和评价等方面的能力，这些能力的提升有助于优化教育教学环境，调动学生的学习积极性，提高教育教学质量。

### （二）提高师范生的教学实践能力有助于激发学生的学习兴趣和积极性

师范生在实际教学过程中要充分发挥启发式教学的作用，帮助学生主动探索、发现问题，并提出解决方案。具备较高教学实践能力的师范生能够运用多样化的教学方法和手段，引导学生积极参与教育教学活动，激发学生的求知欲、探索欲和创新精神，从而提高教育教学质量。

### （三）提高师范生的教学实践能力有助于培养具有创新精神的教育人才

教学实践是培养创新精神的重要途径，通过实际教学活动，师范生可以不断尝试新的教育教学方法、策略和技术，以适应不断变化的教育环境和学生需求。具备创新精神的教育人才能够积极推动教育改革，为提高教育教学质量做出积极贡献。

## 二、促进师范生综合素养的全面发展

培养师范生的教学实践能力不仅对提高教育教学质量具有重要意义，还有助于促进师范生综合素养的全面发展。综合素养包括专业知识、教育技能、心理素养、沟通能力等方面，而教学实践能力的培养正是实现这些方面全面发展的重要途径。

### （一）教学实践能力的培养有助于提高师范生的专业知识水平

通过实际教学活动，师范生可以将理论知识与实践相结合，不断深化对教育教学理论的理解，提高专业知识的运用能力。在教学过程中，师范生需要关注学生的需求，调整教学策略，不断丰富和拓展自身的专业知识。

### （二）教学实践能力的培养有助于提高师范生的教育技能

在实际教学过程中，师范生需要运用各种教学方法、手段和策略，以满足不同学生的需求。这一过程有助于师范生掌握多种教学技能，提高教育教学能力，从而为提高教育教学质量创造条件。

### （三）教学实践能力的培养有助于提高师范生的心理素养

在教学实践中，师范生需要面对各种挑战，如学生行为问题、家长沟通、教育资源分配等。通过应对这些挑战，师范生可以锻炼自己的心理素质，增强抗压能力，更好地适应教育教学工作的需求。

### （四）教学实践能力的培养有助于提高师范生的沟通能力

在教学过程中，师范生需要与学生、家长、同事等进行有效沟通，协调各方关系，这有助于师范生提高沟通能力。此外，教学实践中的合作与交流还可以拓展师范生的人际关系，增强团队合作精神，为其未来教育教学工作奠定良好的基础。

## 三、培养具有创新精神和实践能力的教育人才

在当今这个不断变革的时代，教育事业面临着前所未有的挑战，培养具有创新精神和实践能力的教育人才成为教育发展的重要任务。而师范生作为未来的教育工作者，其教学实践能力对培养具有创新精神和实践能力的教育人才具有重要影响。

### （一）培养师范生的教学实践能力有助于提高其创新思维能力

创新思维是新时代教育人才的核心素质之一，能够帮助教育工作者在面对教育问题时，提出新颖的观点和解决方案。通过教学实践活动，师范生可以不断尝试新的教育教学方法、策略和技术，激发自己的创新思维，从而为教育改革和发展贡献新的动力。

### （二）培养师范生的教学实践能力有助于提高其独立解决问题的能力

在实际教学过程中，师范生需要面对各种教育教学问题，学会独立思考、分析问题，制定解决方案。具备较高教学实践能力的师范生能够迅速应对各种教育教学挑战，提高教育教学质量，为培养具有创新精神和实践能力的教育人才奠定基础。

### （三）培养师范生的教学实践能力有助于提高其团队协作能力

教育教学工作是一个涉及多方面、多层次的综合性工作，需要教育工作者之间的密切合作与协调。在教学实践中，师范生可以与其他教育工作者、学生和家长等建立良好的沟通与合作关系，提高自己的团队协

作能力，为培养具有创新精神和实践能力的教育人才创造良好的条件。

#### （四）培养师范生的教学实践能力有助于提高其自我反思与自我成长能力

在教学实践中，师范生需要不断反思自己的教育教学行为，以便发现自己的不足之处，进行自我调整和完善。具备较高教学实践能力的师范生能够以更加开放的心态接受批评和建议，勇于改进自己的教育教学方法和策略，从而促进自身专业素养的提升，为培养具有创新精神和实践能力的教育人才打下坚实的基础。

### 四、适应社会发展需求，提高教育人才培养质量

随着社会的不断发展和进步，教育事业的任务也在不断变化，对教育人才的需求也在不断提高。为了适应社会发展的需求，提高教育人才培养质量，培养师范生的教学实践能力显得尤为重要。

#### （一）教学实践能力有助于培养具有时代意识和社会责任感的教育人才

在教学实践中，师范生可以深入了解当代社会发展的趋势和挑战，培养自己的时代意识，增强自己的社会责任感。具备高度教学实践能力的师范生能够根据社会发展的需求，调整教育教学策略，为培养适应社会发展需求的人才作出贡献。

#### （二）教学实践能力有助于提高教育教学的针对性和实效性

在教学实践中，师范生可以深入了解学生的需求，以学生为中心，因材施教，提高教育教学的针对性。同时，通过实践中的摸索和实验，师范生可以不断优化教育教学方法，提高教育教学的实效性，更好地满足社会对人才培养的需求。

### （三）教学实践能力有助于促进教育公平和优质教育资源的均衡分配

在教学实践中，师范生可以深入了解不同地区、不同学校、不同学生群体的教育需求，从而提出更为合理的教育教学方案，为促进教育公平和优质教育资源的均衡分配作出贡献。

## 五、有助于全面推进师范专业认证工作

在教师培训中，认证是非常重要的一部分，因为它有助于确保教师具备提供高质量教育所需的技能和知识。教师不仅是知识的传授者，更是塑造下一代人才的关键角色。因此，师范生在毕业并担任教师职务之前，必须通过师范类专业认证，证明他们具备教育和管理学生的能力。这个认证不仅测试他们的学术知识，还测试他们的教学技能和教学实践能力。师范类专业认证对师范生教学实践能力有着严格的标准，具体要求如下。

首先，师范生必须具备丰富的学科知识，因为教师必须清楚地理解他们所教授的主题，并能够将复杂的概念以易于理解的方式解释给学生。因此，师范类专业认证会对师范生的学科知识进行严格的测试。

其次，师范生必须具备优秀的课程设计和教学策略技巧。优秀的教师应该能够根据学生的需要和学习风格来设计和调整他们的教学方法。这就需要师范生能够理解并运用不同的教学策略，如直接指导、合作学习和探索学习等。

再次，良好的课堂管理技巧也是师范类专业认证对师范生教学实践能力的要求之一。师范生需要具备控制课堂秩序，营造良好的学习氛围的能力。这包括管理学生行为、有效利用课堂时间以及建立尊重和包容性的课堂文化。

最后，在教学实践中，师范生还需要表现出对学生个体差异的敏感性和应对策略。这意味着他们需要能够关注每一个学生的学习需求和进度，对每个学生进行个别化的教学，并适时调整教学策略。另外，评估

和反馈也是教学实践的重要环节。师范生需要能够设计有效的评估方法，以评价学生的学习效果。

通过对师范生进行全面的教学实践能力培养，不仅可以提升他们未来在教学岗位的表现，还可以推进师范专业认证工作的进程。从宏观层面来看，教师是塑造下一代，推动社会进步的重要角色。他们的素质和能力直接影响到教育的质量和效果。因此，高校对师范生教学实践能力的培养，对于提升教育的质量，实现教育的目标具有重要的作用。师范专业认证就是要保证教师教育的质量，而这个质量的保证，就需要师范生有良好的教学实践能力。

师范专业认证不仅要求师范生具备丰富的专业知识，更要求他们有良好的教学实践能力。在师范生的教育和培养过程中，教学实践是非常重要的环节，也是对师范生专业素质的重要考验。通过实践教学，师范生可以将理论知识与实践相结合，以提升自身的专业素质和教学能力。通过培养师范生的教学实践能力，可以使他们在未来的教学工作中更加得心应手。他们可以更好地理解和掌握教学理论，可以更有效地设计和实施教学方案，可以更准确地评估和反馈学生的学习情况。这样不仅有利于他们在教学中取得成功，也有利于他们在师范专业认证中取得好的成绩。

# 第二节　培养师范生综合素养的意义与价值

## 一、落实立德树人根本任务的必然要求

### （一）以德立身

以德立身是教师职业道德的基本要求，也是师范生综合素养培养的美好追求之一。在培养师范生综合素养的过程中，以德立身的培养具有如下几个方面的意义。

1. 树立正确的价值观

以德立身要求师范生树立正确的世界观、人生观和价值观，关注社会、关爱生命、追求真善美。具备正确价值观的师范生，能够全面地认识教育工作的社会价值和个人价值，从而自觉地投身教育事业。

2. 养成良好的道德品质

师范生以德立身，需要养成诚实守信、爱岗敬业、乐于奉献等道德品质。这些品质将成为师范生今后从教过程中的行为准则，对师范生的职业发展具有深远影响。

3. 提升师范生的道德修养

师范生以德立身，需要关注个人道德修养的提升，努力做到知行合一、言行一致。具备高道德修养的师范生，可以自觉遵守职业道德规范，

为学生树立良好的道德榜样。

**（二）以德立学**

以德立学是师范生综合素养培养的另一个美好追求，具体表现在以下几个方面。

1. 追求真理

以德立学要求师范生具备探求真理的精神，对知识保持敬畏之心。师范生应积极学习，不断丰富和拓宽自己的知识体系，为将来从教工作打下坚实的基础。

2 尊重学术

师范生以德立学，需要尊重学术、严谨治学。在学术研究和教育教学中，师范生应遵循学术规范，追求真实、公正、客观，为社会输送真实、可靠的知识。

3. 培养创新精神

师范生以德立学，要具备创新意识和创新能力。培养创新精神，有助于师范生在教育教学中发挥创造性思维，为教育改革与发展贡献力量。

**（三）以德施教**

以德施教是师范生综合素养培养的核心，主要涵盖以下几个方面。

1. 关爱学生

以德施教要求师范生关爱学生，关注学生的身心发展。在教育教学过程中，师范生应关注学生的个体差异，充分尊重学生，关注学生的情感需求，为学生提供人性化的教育。

2. 言传身教

以德施教需要师范生通过言传身教的方式，向学生传授知识、传播道德。师范生在教学过程中，既要关注知识的传授，更要关注学生的道德情操培养，努力做到教书育人。

3. 教育创新

以德施教要求师范生具备教育创新意识和能力。在教育教学过程中，师范生应敢于探索，勇于创新，运用现代教育理念和技术，实现教育教学的个性化和智能化，提高教育教学质量。

## 二、打造高素质教师队伍的必要途径

在新时代背景下，教育事业发展的需求与教师角色的变革要求教师具备更高的综合素养，以应对教育改革带来的挑战。

### （一）适应教育改革发展需求

随着教育改革的深入推进，教育教学模式、教育理念以及教育技术的应用等方面都发生了重大变革。培养师范生的综合素养，有助于他们更好地适应教育改革发展的需求，提高教育教学质量和效果。同时，具备高综合素养的教师能够积极参与教育改革实践，为教育事业发展贡献力量。

### （二）提升教育教学能力

师范生综合素养的提高能够提升未来教师的教育教学能力。在具备扎实的专业知识的基础上，培养师范生的教育理念、教育技能和教育方法等方面的综合素养，有助于他们更好地开展教育教学工作，实现教育教学目标。

### （三）增强团队凝聚力

高素质的教师队伍是教育事业发展的重要支撑。培养师范生的综合素养，有助于形成具有共同教育理念和价值观的教师团队，增强团队凝聚力。具备高综合素养的教师能够互相学习、互相支持，共同推动教育事业的发展。

### （四）提升职业发展能力

师范生综合素养的培养有助于提升未来教师的职业发展能力。具备高综合素养的教师能够更好地把握教育发展的趋势，积极参与教育教学研究和实践，不断提高自身的教育教学水平。同时，他们能够抓住职业发展的机遇，为自己的职业生涯规划和发展提供有力的支撑。

### （五）促进学生成长成才

高素质教师队伍是培养优秀学生的关键。具备高综合素养的教师能够更好地关注学生的需求和发展，采用有效的教育教学方法促进学生全面发展。此外，他们能够为学生提供更多的学术和生活支持，帮助学生解决学习和生活中的困难，激发学生的学习兴趣和创新能力。

### （六）提升教育事业的整体水平

培养师范生的综合素养，有助于提升教育事业的整体水平。具备高综合素养的教师队伍能够更好地应对教育改革和发展的挑战，推动教育事业的持续创新。此外，高素质教师队伍能够为社会输送更多的优秀人才，为国家的发展和进步作出贡献。

## 三、解决师德失范问题的现实需要

师德失范现象是教育事业发展过程中面临的一大难题，严重影响了教育质量和师生关系的和谐发展。在这种背景下，培养师范生的综合素养对解决师德失范问题具有重要的现实意义，具体表现在以下几个方面。

### （一）遵循教育原则，尊重学生意愿

遵循教育原则是师范生综合素养的重要体现，有助于解决师德失范问题。教育原则包括尊重学生的个体差异、关注学生的身心发展、实现教育的人性化等。师范生在教学过程中应充分遵循这些原则，尊重学生

的学习兴趣和发展需求，关注学生的身心健康，倡导学生主动地参与教育活动。同时，师范生应在教育教学过程中充分发挥学生的主动作用，激发学生的学习兴趣，培养学生的创新精神和实践能力。通过遵循教育原则，尊重学生意愿，师范生能够降低师德失范的风险，为学生提供更为优质的教育服务。

### （二）以身作则，为学生作出榜样

以身作则、率先垂范是一名合格师范生应具备的重要素质，对解决师德失范问题具有重要意义。师范生在教育教学过程中，应严于律己，树立良好的道德风范，以实际行动为学生树立榜样。在日常生活中，师范生应遵纪守法，自觉遵守社会公德，关爱他人，诚信待人。在教育教学中，师范生应严谨治学，勤奋钻研，关注学生的成长与发展，教书育人。通过以身作则，师范生可以为学生树立良好的道德榜样，引导学生自觉遵守道德规范，从而降低师德失范的风险。

### （三）摆正自己的位置，塑造良好的教师形象

培养师范生的综合素养，有助于师范生在今后教育教学工作中摆正自己的位置，塑造良好的教师形象。这里的综合素养包括知识素养、思想素养、能力素养、身心素养等，这些素养对于师范生在教育教学过程中扮演好角色、塑造良好形象至关重要。

#### 1. 良好的知识素养能够加强师范生对专业知识和技能的掌握

一般来说，具备良好的知识素养的师范生，可以更好地掌握教育教学的基本知识和技能，从而在教学过程中顺利传授知识、指导学生。知识素养不仅包括教育学、心理学等基本理论知识，还包括课程设置、教学方法、评价方式等实践能力。高知识素养的师范生能够准确把握教育教学的核心任务，摆正自己的位置。

2. 思想素养是师范生塑造良好教师形象的基石

具备高尚思想素养的师范生能够在教育教学过程中以身作则，为学生树立良好的榜样，强化学生的道德观念，引导学生形成正确的价值观。思想素养包括诚实守信、尊重他人、热爱祖国等方面。具备思想素养的师范生能够摆正自己的位置，明确自己的责任和使命。

3. 能力素养有助于增强师范生的沟通协调能力

具备良好能力素养的师范生能够更好地与学生、家长、同事等进行有效沟通，协调教育教学中的各种问题。通过沟通，师范生能够更好地了解学生的想法，为学生提供个性化的指导和帮助，同时也能积极地与家长、同事共同探讨教育教学问题，共同促进学生的成长。良好的能力素养有助于师范生在教育教学过程中更好地协调各方关系，营造良好的教育氛围。

4. 身心素养是塑造良好教师形象的重要因素

教师作为学生的榜样和引路人，其身心素养的高低直接影响着教学效果和学生的发展。首先，身心健康是教师展现自信和积极态度的基础。一个身心健康的教师能够保持精力充沛、心情愉悦，积极投入教学，为学生树立积极向上的榜样。其次，情绪管理能力对于教师的形象塑造至关重要。良好的情绪管理能力能使教师在压力和挫折面前保持冷静和稳定，不因个人情绪而影响教学。再次，教师的自我反思和提升意识是身心素养的体现。通过反思和学习，教师能够不断提升自己的教学能力和专业素养，与时俱进，为学生提供更好的教育服务。最后，教师的人格魅力是身心素养的重要组成部分。教师应该具备诚信、责任心、正直等良好的品质，以赢得学生和家长的尊重和信任。

## 四、落实师范类专业认证要求的重要抓手

在《小学教育专业认证标准（第二级）》中，对于师范生的师德规范提出了要求，即“践行社会主义核心价值观，增进对中国特色社会主义的思想认同、政治认同、理论认同和情感认同。贯彻党的教育方针，以立德树人为己任。遵守中小学教师职业道德规范，具有依法执教意识，立志成为有理想信念、有道德情操、有扎实学识、有仁爱之心的好老师”。同时，该标准还对师范生的教育情怀提出了要求，即“具有从教意愿，认同教师工作的意义和专业性，具有积极的情感、端正的态度、正确的价值观。具有人文底蕴和科学精神，尊重学生人格，富有爱心、责任心、事业心，工作细心、耐心，做学生锤炼品格、学习知识、创新思维、奉献祖国的引路人”。通过培养师范生的综合素养，有助于落实师范类专业认证要求，使师范生将来更好地胜任教育教学工作，这对于提升教学效果有着至关重要的作用。

# 第三章

# 师范生教学实践能力的构成要素、形成特征及影响因素

# 第一节　师范生教学实践能力的构成要素

在《小学教育专业认证标准（第二级）》中，针对师范生的教学能力提出了如下要求："在教育实践中，能够依据所教学科课程标准，针对小学生身心发展和认知特点，运用学科教学知识和信息技术，进行教学设计、实施和评价，获得教学体验，具备教学基本技能，具有初步的教学能力和一定的教学研究能力。"在《小学教育专业认证标准（第三级）》中，对师范生的教学能力提出了明确且具体的要求，即"理解教师是学生学习和发展的促进者。依据学科课程标准，在教育实践中，能够以学习者为中心，创设适合的学习环境，指导学习过程，进行学习评价。具备一定的课程整合与综合性学习设计与实施能力"。基于这一要求的指导，笔者将师范生教学实践能力进一步细化为以下几部分内容，分别为教学设计能力、课堂教学能力、教学评价与反思能力、教学研究能力。

## 一、教学设计能力

教学设计能力是以对教学内容和学生的理解为基础来设计总体的教学进程、教学方法和教学组织形式的能力。简而言之，就是师范生在上课前对教学过程中的各要素进行最佳优化组合的能力。根据教学设计的一般过程，可以将教学设计能力进一步细化为六大能力，分别为教材分析处理能力、教学资源开发能力、学情分析能力、教学目标设计能力、教学过程设计能力、教学策略选择能力。

## （一）教材分析处理能力

教材分析处理能力是教学设计能力的重要组成部分，它涉及师范生分析教材结构特点、深刻挖掘教材价值以及创造性地使用教材。

### 1. 分析教材结构特点

分析教材结构特点是师范生在进行教学设计前，对教材进行全面、深入的理解。通过分析教材的知识体系、教学目标、教学内容、教学方法和学生的需求等方面，使师范生能够更好地把握教材的脉络和重点，从而有针对性地开展教学活动。

具体来说，师范生应该对教材的结构层次、知识体系、知识组织形式、教学重点和难点等方面进行分析。这样，师范生在设计教学过程时，能够根据教材的结构特点，合理安排教学顺序，突出教学重点，梳理知识线索，为学生提供更有针对性的教学支持。

### 2. 深刻挖掘教材价值

深刻挖掘教材价值是师范生在教学过程中，发挥教材在知识传授、能力培养、情感教育等方面的潜在作用。师范生应通过深入研究教材，挖掘教材中蕴含的教育理念、教学方法和教育价值，从而使教材在教学过程中发挥最大效果。

在挖掘教材价值时，应关注以下几个方面：一是对教材中的知识点进行深入研究，确保学生对知识点的理解和掌握；二是关注教材中的实践活动和案例分析，以提高学生的实践操作能力和分析问题的能力；三是关注教材中的情感教育和价值观引导，培养学生的品德和情感。

### 3. 创造性地使用教材

创造性地使用教材是指师范生在教学过程中，根据学生的实际需求和教学目标，对教材进行调整、补充和创新。师范生应善于发挥教材的优点，充分利用教材的资源，同时结合教学实践中的具体情况，对教材进行有针对性的改进和补充。具体而言，师范生在创造性地使用教材时，需要注意以下几个方面。

（1）教材内容的拓展和补充。师范生应根据学生的需求和兴趣，结合教学目标和教育教学大纲，对教材内容进行拓展和补充，使教学内容更加丰富、更具针对性。

（2）教材的多元化。师范生应善于利用多种教材资源，如网络资源、实物资源等，进行教学内容的拓展和补充。这有助于突破单一教材的局限，拓宽学生的视野，提高教学效果。

（3）教材的实践性。师范生应关注教材中的实践活动和案例分析，将理论知识与实际操作相结合，提高学生的实践能力。此外，师范生还应鼓励学生参与课题研究、实验探究等活动，使教材内容更具实践性。

（4）教材的创新性。师范生应敢于对教材进行创新性的尝试，如调整教学顺序、采用新的教学方法等。这有助于激发学生的学习兴趣，提高教学效果。

### （二）教学资源开发能力

教学资源开发能力是指师范生能够熟练运用各类教育教学资源，开发出适应自身教学需要的教学资源的能力。随着信息技术的发展，教学资源不再仅限于教科书，而是包括了各种类型的教学媒体和教学工具，如数字化教学资源、网络资源、实物资源等。师范生的教学资源开发能力主要包括以下几个方面的能力。

#### 1. 教学资源获取能力

师范生需要有能力从多样化的渠道获取教学资源，这包括了书籍、网络、社区等多个来源。他们需要能够鉴别不同资源的质量，以选择最适合自己教学需要的资源。

2. 教学资源整合能力

师范生需要具备将多种资源整合为一个整体的能力，以满足特定的教学目标和学生的学习需求。这需要他们具备较强的组织能力和逻辑思维能力。

3. 教学资源创新能力

师范生需要具备创新性思维，能够开发新的教学资源，或者将现有的资源进行创新性的改造。他们需要拥有一定的专业知识和技能，以及探索和实践的勇气。

4. 教学资源应用能力

师范生需要有能力将教学资源融入教学过程中，使其成为促进学生学习的有效工具。这需要他们有深厚的教学理论基础，熟悉各种教学方法和策略。

5. 教学资源评估能力

师范生需要有能力对教学资源的有效性进行评估，以了解其对学生学习的影响，从而不断改进教学资源的开发和使用。这需要他们具备批判性思维和数据分析能力。

6. 教学资源管理能力

师范生需要有能力进行教学资源的管理，包括资源的分类、存储、更新和分享等。他们需要具备良好的管理能力和信息技术应用能力。

### （三）学情分析能力

师范生只有真正了解学生，密切关注学生的需求，才能使教学更有效地服务于学生的学习，促使教学更有力地推动学生的发展和进步。学情分析能力主要由三部分组成，分别为学生已有知识经验、学生认知规律和理解水平、学生认知障碍。

### 1. 学生已有知识经验

在教学过程中，学生的已有知识经验对于新知识的吸收和理解起到了至关重要的作用。师范生在进行教学设计时，需要了解学生的已有知识储备，为学生提供恰当的学习资源和教学方法，以确保教学内容贴近学生实际需求，提高教学效果。

师范生需要了解学生的学科基础和相关知识。学生在学习新知识时，往往依赖于之前的学科基础和相关知识。师范生在教学设计时，应充分考虑学生在这些方面的掌握情况，以便于有针对性地进行教学。例如，在教授新概念时，可以从学生已熟悉的知识点入手，通过类比、举例等方法帮助学生建立新知识与旧知识之间的联系，从而提高学生的学习兴趣和效果。

师范生应关注学生的生活经验。生活经验是学生理解新知识的重要依据，师范生在教学设计中可以纳入学生的生活经验。通过将学生的生活经验与教学内容相结合，师范生可以让学生更好地理解新知识，激发学生的学习兴趣。例如，在教授地理知识时，可以结合学生所在地区的地理特征和环境问题，让学生在实际生活中体验和感受地理知识。

师范生要关注学生的个体差异。学生在知识经验方面存在个体差异，师范生在教学设计时要注意因材施教。通过了解学生的兴趣、特长和需求，师范生可以为学生提供个性化的教学资源和方法，激发学生的学习积极性，提高教学效果。例如，针对学生的不同认知水平，师范生可以采用分层教学、项目式教学等多样化教学策略，以满足学生的个性化需求。

### 2. 学生认知规律和理解水平

学生认知规律和理解水平是师范生在进行教学设计时必须充分考虑的重要因素。了解学生的认知规律和理解水平，有助于师范生设计出更符合学生需求的教学活动，激发学生的学习兴趣，提高教学效果。

师范生应充分了解学生的认知发展阶段。学生的认知发展呈现出由低到高、由简单到复杂的阶段性规律。不同年龄阶段的学生，其认知能力和理解水平存在显著差异。师范生在进行教学设计时，应充分了解学生的认知发展水平，从而设计出适应学生认知发展阶段的教学内容和方法。

师范生应关注学生的认知风格。学生在认知过程中表现出不同的认知风格，如直观型、分析型等。师范生在进行教学设计时，应关注学生的认知风格差异，采用多样化的教学方法和手段，以满足不同认知风格学生的需求，提高教学效果。

3. 学生认知障碍

学生认知障碍是影响学生学习效果的重要因素。师范生在进行教学设计时，应充分关注学生的认知障碍，采取有效的教学策略，帮助学生克服这些障碍，从而提高教学效果。

师范生需要关注学生的心理需求。学生的心理需求对学习动机和兴趣产生重要影响。师范生在进行教学设计时，应了解学生的心理需求，尽可能采用学生喜欢的教学方法，激发学生的内在学习动机。例如，可以通过调查问卷、访谈等方式了解学生的教学偏好，然后在课堂教学中运用这些方法，提高学生的学习兴趣。

师范生应关注学生的非智力因素。非智力因素，如情感、动机、兴趣等，对学生的学习效果产生重要影响。师范生在进行教学设计时，应关注这些非智力因素，并采取相应的教学策略，帮助学生克服这些因素带来的认知障碍。例如，可以通过情感关怀、引导学生建立正确的学习动机等方式，帮助学生树立自信心，从而提高学习效果。

师范生应注重培养学生的自主学习能力。自主学习能力是学生克服认知障碍的关键。师范生在进行教学设计时，应关注培养学生的自主学习能力，帮助学生建立自主学习的策略和方法。例如，可以通过指导学生制订学习计划、培养学生的时间管理能力等方式，提高学生的自主学习能力。

### （四）教学目标设计能力

众所周知，教学目标是教学的出发点和归宿，在教学活动中占据着十分重要的位置，它不仅决定着课堂教学行为，还是教学评价的重要依据。倘若确立教学目标这一环节出现任何差错，将无法保证教学活动的顺利开展。因此，师范生必须十分重视教学目标的制定。教学目标设计能力主要包括三个方面的内容，分别为教学目标全面、教学目标明确具体、明确教学重难点。

#### 1. 教学目标全面

教学目标全面意味着师范生在设计教学目标时，应涵盖学生的知识、技能、情感和价值观等各个方面。这样的教学目标有助于培养学生全面发展的能力，促进学生的综合素质提高。教学目标全面主要体现在以下几个方面。

（1）知识性目标。师范生应确保学生在学习过程中掌握所需的基本知识和概念，为进一步学习打下坚实的基础。

（2）技能性目标。师范生应帮助学生培养学习所需的基本技能，如思维、沟通、协作等能力，以便将所学知识应用于实际生活和工作中。

（3）情感态度目标。师范生应关注学生的情感态度，培养学生积极的学习态度和良好的道德品质。

（4）价值观目标。师范生应引导学生树立正确的价值观，使其在学习过程中形成对社会、他人和自己负责的态度。

#### 2. 教学目标明确具体

教学目标明确具体是指师范生在设定教学目标时，应清晰地表述目标内容，避免使用模糊、笼统的措辞。这有助于师范生和学生清楚地了解教学目标，从而更好地实现教学目标。教学目标明确具体主要体现在以下几个方面。

（1）明确性。教学目标应具有清晰的表述，使师范生和学生都能准确理解目标内容。

（2）可操作性。教学目标应具有可操作性，使师范生能够根据目标制订具体的教学计划。

（3）可评价性。教学目标应具有可评价性，使师范生能够根据目标对教学过程和结果进行评估。

#### 3. 明确教学重难点

明确教学重难点是指，在教学过程中，师范生需要对教学目标进行权衡，确保学生能够充分掌握核心知识和技能。为了实现这一目标，师范生在设计教学目标时，必须明确教学的重点和难点，以便有针对性地进行教学。明确教学重难点的过程包括以下几个方面。

（1）分析教材内容。师范生需要深入理解教材内容，梳理知识体系，找出学科知识中的关键概念和技能。

（2）结合学生特点。师范生要充分了解学生的认知水平、兴趣和需求，以便识别出学生在学习过程中可能遇到的困难和挑战。

（3）关注课程目标。师范生应将每个章节的教学目标作为课程目标的组成部分，确保各个章节之间的教学目标相互协调、衔接。

（4）进行教学调整。师范生在针对具体的一节课设计教学目标时，需要结合实际情况进行适当的调整，以确保教学目标的实现和分布均衡。

### （五）教学过程设计能力

教学过程是一种特殊的认识过程，在教学中，师范生通过有目的地引导学生，可以帮助学生能动地进行认识活动，循序渐进地掌握文化科学知识和基本技能，促进学生智力、体力的全面发展。教学过程设计能力主要涉及三个方面的内容，分别为教学过程具有层次性、教学过程活动适度、恰当运用现代教育技术。

1. 教学过程具有层次性

层次性是指教学过程中各个环节之间的联系与衔接，以及教学活动的递进性。师范生在设计教学过程时，需要明确各个阶段的目标和任务，合理安排教学内容和活动，使之成为一个有机整体。为此，首先，明确教学阶段。师范生应将教学过程分为若干个阶段，如导入、知识传授、练习、总结等，以便更好地实现教学目标。其次，合理组织教学内容。师范生应根据各个阶段的教学目标，选择合适的教学内容，使之与教学目标相一致，并有助于学生知识的吸收和理解。最后，设计多样化的教学活动。师范生应根据教学内容和目标，设计具有层次性的教学活动，如讲解、示范、讨论、小组合作等，以激发学生的学习兴趣，提高学生的思维能力和创造力。

2. 教学过程活动适度

适度是指教学过程中教学活动的数量、难度和强度应适应学生的认知水平和发展需求。师范生在设计教学过程时，应关注学生的实际情况，确保教学活动既不过于简单，也不过于复杂。这需要师范生从以下两个方面入手：一是调整教学难度。师范生应根据学生的认知水平，合理安排教学内容的难易程度，使之逐步提高，以便帮助学生逐步适应和克服学习困难。二是控制教学强度。师范生应合理安排教学活动的时间和节奏，确保学生有足够的时间进行思考、讨论和实践，以免过度消耗学生的精力。

3. 恰当运用现代教育技术

现代教育技术为教学提供了多样化的工具和手段，能够有效提高教学质量和学生学习体验。在教学过程设计中，师范生应恰当运用现代教育技术，实现以下目标。

一是丰富教学资源。现代教育技术使师范生能够轻松获取各类教学资源，如网络课程、数字图书馆、在线讲座等。师范生可根据教学需要，有针对性地选择和整合这些资源，使教学内容更加丰富多元。

二是提高教学效率。现代教育技术可辅助师范生实现课堂管理、作业批改、学生评价等教学环节的自动化和智能化，从而节省师范生的时间和精力，提高教学效率。

三是拓展教学手段。师范生可以运用多媒体、虚拟现实、人工智能等现代技术手段，丰富教学形式，提高学生的学习兴趣。例如，使用动画演示复杂的概念，通过虚拟实验让学生亲身体验实验过程，或利用智能辅导系统为学生提供个性化的学习建议。

四是加强教学评价与反馈。现代教育技术可以帮助师范生实时收集学生的学习数据，进行教学评价和反馈，以便及时调整教学策略。例如，通过在线测试系统收集学生的答题情况，分析学生的掌握程度和存在的问题。

### （六）教学策略选择能力

有效的教学策略能够保持学生的学习积极性，所以教学策略选择能力尤为重要。师范生应不断提升自己的教学策略选择能力，以便更好地满足学生的学习需求，激发学生的学习兴趣和潜能，推动学生全面发展。教学策略选择能力主要涉及两个方面，分别为选择行之有效的教学策略、优化组合多种教学策略。

#### 1. 选择行之有效的教学策略

教学策略是师范生为实现教学目标而采取的一系列方法和手段，其选择对教学效果具有直接影响。因此，师范生需要具备选择行之有效的教学策略的能力。首先，师范生应深入研究教育心理学、教育学原理等相关理论，了解不同教学策略的特点、优劣以及适用条件。其次，师范生要充分了解学生的实际情况，包括学生的认知水平、兴趣、需求等，以确保所选教学策略能够切实满足学生的需求。最后，师范生要关注教学策略的实际效果，及时调整教学策略，以提高教学质量。

2. 优化组合多种教学策略

在教学过程中，往往某一种教学策略并不能够适用于所有情况，因此，师范生需要根据实际需求灵活地运用和组合多种教学策略。这要求师范生具备优化组合多种教学策略的能力。首先，师范生要熟练掌握各种教学策略，明确它们的特点和适用范围。其次，师范生要善于从课程目标、学生特点和教学环境等多个维度进行全面分析，确保所选策略的适用性和有效性。再次，师范生应注重教学策略之间的协调与整合，避免教学策略之间的冲突和重复，提高教学效率。最后，师范生要关注教学策略组合的实际效果，根据反馈信息及时调整策略，促进教学目标的达成。

## 二、课堂教学能力

课堂教学能力是指师范生在课堂上按照国家要求完成教学任务的技能和能力。换句话说，课堂教学能力是指师范生上课期间教的知识能让学生接受并吸收多少的能力。这种能力具有多层次的内涵，包括组织教学能力、语言表达能力、课堂提问能力、教学内容呈现能力、板书设计能力、课堂教学管理能力等多个方面。课堂教学能力在师范生职业素质体系中占有重要地位，因为课堂教学是教育教学的核心环节，直接关系到学生的学习效果和发展。

### （一）组织教学能力

一个具备优秀组织教学能力的师范生，能够在课堂教学中妥善安排集体活动，并灵活运用各种教学手段，从而达到提高学生学习效果的目的。

### 1. 妥善安排集体活动

集体活动是课堂教学中的重要组成部分，对学生的思想品德、心理素质、团队合作能力等方面的培养具有重要意义。妥善安排集体活动，需要师范生具备以下几个方面的能力。

（1）明确活动目标。在进行集体活动时，师范生需要明确活动的目标，使学生明确参与活动的意义。活动目标应该与教学目标相一致，以确保活动能够有效地推动课堂教学。

（2）合理分组。师范生需要根据学生的特点和活动的需要进行合理分组。分组时应考虑学生的性格、兴趣、学习能力等因素，使每个组内的学生都能充分发挥自己的优势，实现互补互助。

（3）设计活动环节。师范生应设计有趣、富有挑战性的活动环节，激发学生的学习兴趣和积极参与。同时，活动环节应有明确的时间限制，以保证活动的高效进行。

（4）组织与引导。师范生在活动过程中要善于组织与引导，及时解决学生在活动中遇到的困难和问题，帮助学生建立正确的团队合作观念和沟通技巧。

### 2. 灵活运用各种教学手段

教学手段的运用是实现教学目标的有效途径。在教学过程中，师范生需要根据学生的特点和教学内容，灵活运用各种教学手段，以达到提高教学效果的目的。同时，师范生还要不断更新自己的教学方法，紧跟教育教学的发展趋势，以满足学生的个性化需求，提高教学质量。以下为几种常用的教学手段。

（1）讲授法。讲授法是最常见的教学手段之一，师范生通过言语传递知识，引导学生思考问题。讲授时，师范生要注意保持清晰的逻辑结构，激发学生的兴趣，并尽可能地与学生进行互动。

（2）讨论法。讨论法是一种能够充分发挥学生主体作用的教学手段。

师范生可以组织学生进行小组讨论或全班讨论，鼓励他们提出问题、发表观点和解决问题。讨论法可以提高学生的思维能力、沟通能力和团队协作能力。在使用讨论法时，师范生要注意引导学生遵循讨论规则，确保讨论的有效性和积极性。

（3）案例教学法。案例教学法是通过分析具体案例，让学生在实际问题中学习和应用知识的教学手段。师范生可以根据教学内容选择典型、有代表性的案例，引导学生进行分析和讨论。案例教学法可以帮助学生将理论知识与实际应用相结合，提高分析和解决问题的能力。

（4）实验教学法。实验教学法是一种让学生通过亲自动手进行实验，从而加深对知识理解的教学手段。在实验教学过程中，师范生要引导学生遵循实验步骤，观察和记录实验现象，进行数据分析和结果讨论。实验教学法有助于培养学生的实践能力、观察能力和创新能力。

（5）多媒体教学法。多媒体教学法是利用现代化的教学技术手段，如计算机、投影仪、网络等，为学生提供丰富的学习资源，激发学生的学习兴趣。多媒体教学法可以丰富教学内容，提高教学效果。在使用多媒体教学法时，师范生要注意掌握教学节奏，确保学生能够有效地吸收和理解信息。

### （二）语言表达能力

语言表达能力是师范生在教学过程中传递知识、激发学生兴趣、引导学生思考的重要手段。一个具备优秀教学语言表达能力的师范生，能够做到准确简明和富有示范性、通俗生动和富有幽默感以及富有条理性和层次感。

#### 1. 准确简明和富有示范性

（1）准确性。师范生在教学过程中所使用的语言应该是准确的，这意味着师范生需要严谨地表达教学内容，避免使用模糊不清或容易引起误解的词汇和表述。准确的教学语言有助于学生准确理解知识点，提高学习效果。

（2）简明性。师范生的教学语言要简明扼要，避免冗长复杂的句子和表达。简明的教学语言有助于学生更快地抓住教学重点，减轻学生的认知负担，使学生能够更专注于学习。

（3）示范性。师范生的教学语言应具有一定的示范性。师范生作为学生的榜样，其语言表达应遵循一定的规范，让学生在学习过程中自然地养成良好的语言习惯。

2. 通俗生动和富有幽默感

（1）通俗性。师范生在教学过程中要注意用通俗易懂的语言进行表达，这意味着师范生需要根据学生的年龄特点和认知水平，运用简单明了的词汇和表达方式，使学生能够轻松理解教学内容。

（2）生动性。师范生应运用生动的语言和形象的比喻来解释抽象的概念，使学生能够更直观地感受教学内容，提高学生的学习兴趣和参与度。

（3）幽默感。师范生在教学过程中适当地运用幽默感，可以增加课堂的趣味性，缓解学生的紧张情绪，提高学生的学习积极性。同时，幽默的教学语言有助于加深学生对知识点的印象，提高学生的积极性。

3. 富有条理性和层次感

（1）条理性。师范生的教学语言应具有明确的条理性，使学生能够更容易地理解和掌握知识结构。师范生在教学过程中要注意逻辑顺序，让学生能够明确知识点之间的联系和层次关系。

（2）层次感。有层次感的教学语言可以帮助学生更容易地形成知识体系，提高学习效果。师范生在教学过程中应分层次地组织和表达教学内容，这意味着师范生需要先从整体上把握教学内容，然后逐层深入，逐步展开具体的知识点。

（3）重点突出。师范生在教学过程中可以通过重复、强调、暂停等手段来突出重点，强调关键信息，让学生能够清晰地把握教学中的重难点。

### （三）课堂提问能力

课堂提问能力是师范生在教学过程中激发学生思考、检验学生学习效果的有效手段。课堂提问能力可以进一步细分为以下三种能力。

#### 1. 课堂问题设计能力

（1）目的明确。师范生在设计课堂问题时，需要明确提问的目的。问题的目的可以检查学生对知识点的掌握程度，引导学生思考问题，激发学生的学习兴趣等。目的明确有助于师范生有针对性地设计问题，提高提问效果。

（2）难易适中。师范生在设计课堂问题时，要注意问题的难易程度。问题应根据学生的年龄特点和认知水平来设置，避免过难或过易的问题。难易适中的问题能够激发学生的思考兴趣，提高学生的学习积极性。

（3）内容相关。师范生设计的课堂问题应与教学内容密切相关，能够反映教学重点和难点。设计内容相关的问题有助于学生更好地理解和掌握知识点，提高教学效果。

#### 2. 课堂问题提出能力

（1）提问时机。师范生在课堂上提问时，要把握好提问的时机。合适的提问时机可以是在讲解知识点之后、讨论过程中或课堂总结时。把握好提问时机能够使课堂氛围更加活跃，提高学生的注意力。

（2）提问方式。师范生在课堂上提问时，可以采用多种方式，如直接提问、引导式提问、设问式提问等。不同的提问方式适用于不同的教学场景和目的。师范生应灵活运用提问方式，以激发学生的思考和参与积极性。

（3）分配机会。师范生在课堂上提问时，要注意给不同学生提供回答问题的机会。分配机会有助于培养学生的自信心，促进学生之间的互动与合作。

3. 课堂问题应答能力

（1）积极倾听。师范生在学生回答问题时，应积极倾听学生的观点和想法，尊重学生的表达，给予充分的回答时间。积极倾听有助于师范生更好地理解学生的思路，为后续指导提供依据。

（2）评价与反馈。师范生在学生回答问题后，应给予及时的评价与反馈。对于回答正确的学生，师范生要给予表扬和肯定；对于回答不完全正确或错误的学生，师范生要给予耐心的指导和纠正，避免过于严厉的批评。评价与反馈有助于激励学生继续努力，提高学习成效。

（3）引导与拓展。针对学生的回答，师范生可以进一步引导学生深入思考，拓展相关知识点。引导与拓展有助于学生拓宽思路，形成更加系统的知识体系。

**（四）教学内容呈现能力**

教学内容呈现能力是指师范生在教学过程中，将学科知识、教育理念和教育目标以清晰、生动、有趣的方式展示给学生，使学生能够充分理解和掌握所学内容的能力。

1. 教学内容生活化

教学内容生活化是指将学科知识与学生的日常生活实际相结合，让学生更容易理解和掌握知识。师范生可以通过生动的实例、案例或生活情境来呈现教学内容，以便引起学生的兴趣和共鸣，使知识变得更加贴近生活。教学内容生活化有助于提高学生的学习积极性和主动性，培养学生的实践能力和创新精神。

为实现教学内容生活化，师范生需关注学生的生活实际，挖掘生活中的学习素材，将抽象的理论知识与具体的生活实例相结合。此外，师范生还应引导学生主动发现生活中的问题，并运用所学知识去解决问题，使学生在实践中体会到知识的价值和意义。

2. 教学内容弹性化

教学内容弹性化是指师范生在呈现教学内容时，根据学生的个性差异、学习需求和兴趣，灵活调整教学进度、教学方法和教学重点。师范生应在保证教学目标达成的前提下，充分考虑学生的接受能力和特点，使教学内容更具针对性和有效性。

为实现教学内容弹性化，师范生需关注学生的学习反馈，及时调整教学策略，确保每个学生都能在教学过程中获得成长。同时，师范生还应鼓励学生提出问题和建议，促进与学生之间的互动和沟通，以便更好地满足学生的学习需求。

3. 学习材料多样化

学习材料多样化是指师范生在呈现教学内容时，运用多种教学资源和媒体，为学生提供丰富、多样的学习材料。多样化的学习材料可以激发学生的学习兴趣，提高学生的学习效果，培养学生的综合素质和能力。

在学习材料多样化的过程中，师范生需要具备较强的信息筛选和整合能力，对各种教学资源进行深入挖掘，筛选出最符合教学目标和学生需求的内容。此外，师范生还需关注学生对多样化学习材料的反馈，以便进一步优化教学资源，提高教学质量。

**（五）板书设计能力**

板书设计能力是师范生在教学过程中有效传授知识、引导学生学习的关键环节。一个具备良好板书设计能力的师范生，能够做到以下几点：掌握情况，有的放矢；讲写结合，相得益彰；主辅相随，紧密结合；内容完整，条理系统。

### 1. 掌握情况，有的放矢

（1）针对性。师范生在设计板书时，应根据教学目标和学生的实际情况进行针对性设计。这意味着师范生需要充分了解学生的年龄特点、认知水平以及学习风格，制定出适合学生的板书内容和结构。

（2）适应性。师范生在设计板书时，要注意板书的适应性。这意味着师范生需要根据教学内容和教学方法的变化，灵活调整板书设计，使板书能够更好地服务于教学过程。

### 2. 讲写结合，相得益彰

（1）讲解与呈现。师范生在讲解教学内容时，应与板书呈现相结合，使学生在听讲的同时，能够直观地感受到知识点的层次和结构关系。这有助于学生更容易理解和掌握知识点，提高学习效果。

（2）互动与参与。师范生在讲解过程中，可以邀请学生参与板书的设计，让学生在实际操作中加深对知识点的理解。此外，师范生还可以设计板书游戏、板书竞赛等活动，激发学生的学习兴趣和参与积极性。

### 3. 主辅相随，紧密结合

（1）系统性板书。系统性板书是师范生在教学过程中呈现知识体系结构的板书。系统性板书应突出教学重点和难点，呈现知识点之间的联系和层次关系，有助于学生形成完整的知识体系。

（2）辅助性板书。辅助性板书是师范生在教学过程中为了强化某一知识点或解答学生疑问而设计的板书。辅助性板书应与系统性板书紧密结合，以提高教学效果和学生的理解程度。辅助性板书可以包括示例、图表、小结等形式，用以补充和强化系统性板书中的内容。

（3）主辅结合。师范生应灵活运用系统性板书和辅助性板书，使它们相互补充、紧密结合。在教学过程中，师范生可以根据学生的反馈和掌握情况，适时调整板书设计，以满足学生的学习需求。主辅结合的板书设计有助于提高学生的学习兴趣、关注度和理解能力。

4. 内容完整，条理系统

（1）内容完整。师范生在设计板书时，应确保板书内容的完整性。这意味着板书应涵盖所有重要的教学内容，包括知识点、示例、练习等。内容完整的板书能够帮助学生全面理解和掌握知识，提高学习效果。

（2）条理系统。师范生在设计板书时，要注意板书内容的条理性和系统性。这意味着板书应清晰地展示知识点之间的层次关系和逻辑结构，使学生能够更好地理解和掌握知识。条理系统的板书设计有助于提高学生的思维能力和逻辑推理能力。

### （六）课堂教学管理能力

课堂教学管理能力是指师范生在课堂环境中对教学时间、教学环境、学生等方面的协调与管理技巧，包括如何创建和维护一个有序且鼓励学习的环境，如何有效地利用时间以覆盖所有的教学内容等。

1. 课堂教学时间管理能力

课堂教学时间管理能力是指师范生如何有效地在有限的课堂时间内，安排教学活动，实现教学目标的一种能力。在课堂教学中，时间是一种非常宝贵的资源。师范生必须考虑如何在规定的时间内，完成教学计划，同时还要满足学生的学习需求。这就需要师范生具备良好的时间管理能力，能够对教学时间进行有效的规划和分配。一方面，师范生需要充分备课，提前设计出明确的教学计划。这个计划应该包括教学内容、教学方法、教学进度等信息。师范生应该根据学生的学习能力和教学内容的难易程度，合理安排教学进度。另一方面，师范生在课堂教学过程中，也需要灵活应对各种情况，随时调整教学计划。例如，如果学生对某个知识点理解有困难，师范生就需要适当延长这个知识点的教学时间，采取不同的教学方法帮助学生理解；如果学生对某个知识点掌握得很好，师范生就可以缩短这个知识点的教学时间，提前进入下一个知识点。

此外，师范生还需要掌握各种教学技巧，如提问、引导、激励等，以提高教学效率，使学生能在最短的时间内掌握最多的知识。同时，师范生也需要做好课堂秩序管理，防止出现浪费时间的现象，保证每一分钟都用在教学上。

2. 课堂教学环境管理能力

课堂教学环境管理能力是指师范生为促进有效学习而创建和维护课堂环境的能力。首先，师范生需要创造一个积极、包容和尊重的课堂氛围。这样的环境可以让每个学生都感到自己是班级的一部分，他们的观点和贡献都受到尊重。师范生需要通过自身的言行，为学生树立良好的榜样，同时也需要及时纠正学生课堂上的不良行为。其次，师范生需要有效地管理课堂秩序，保持课堂的流畅和有效。这需要师范生设定清晰的课堂规则，让学生了解期望的行为。同时，师范生也需要有策略地处理突发情况，以避免课堂的混乱。再次，师范生需要设计并使用适合学习的物理环境。例如，师范生可以调整课堂的布局，以便于小组讨论或个体学习。另外，师范生也可以使用不同的教学资源和技术，来丰富课堂教学，激发学生的学习兴趣。最后，师范生需要建立一个鼓励学生积极参与的环境。师范生可以使用多种教学方法，如讨论、小组合作、项目学习等，以提高学生的参与度。同时，师范生也需要提供及时的反馈，让学生了解他们的学习进度，感到他们的努力被看到和认可。

3. 课堂教学师生管理能力

课堂教学师生管理能力是指师范生在课堂上如何有效地与学生互动，管理学生的行为，调动学生的积极性，以及如何有效地处理师生之间的关系等方面的能力。

首先，师范生要有良好的人际交往能力，能够理解和尊重学生的需求和差异，懂得倾听学生的声音，尊重学生的个性，以此建立良好的师生关系。通过创建开放、公平、尊重的课堂氛围，师范生可以鼓励学生积极参与课堂活动，激发他们的学习兴趣。

其次，师范生需要具备有效的课堂行为管理技巧，如如何设定和执行课堂规则、如何处理和防止课堂问题行为、如何引导学生积极参与等。师范生需要以一种积极、公正、及时的方式进行管理，以营造一个秩序良好、有利于学习的课堂环境。

最后，师范生还需要具备有效的激励技巧，了解如何运用不同的激励策略，如表扬、反馈、奖励等，来激发学生的学习动力，提高他们的学习积极性。同时，师范生还需要具备一定的心理应对技巧，如如何处理学生的学习压力、如何解决学生的心理问题等。

## 三、教学评价与反思能力

教学评价与反思能力是指师范生在教学过程中对教学过程、教学质量和教学效果进行全面、系统、科学的评估和分析，以及对自己的行为、思想和感受进行深刻的反省和思考的能力。这种能力对于提高教学质量和促进师范生个人成长和发展具有重要意义。

### （一）教学评价能力

教学评价能力包括以下几种能力。

#### 1. 选择或编制评价工具的能力

选择或编制评价工具的能力是指师范生根据教学目标和内容，选择适当的评价方法和工具，以便全面、准确地评估学生的学习情况。一个具备良好选择或编制评价工具能力的师范生，需要做到以下几点。

（1）明确评价目的。评价目的主要包括了解学生的掌握程度、发现学生的优点和不足、为调整教学策略提供依据等。师范生在选择或编制评价工具时，首先要明确评价的目的，选择或设计更具针对性的评价工具。

（2）考虑教学内容。师范生在选择或编制评价工具时，要充分考虑教学内容。师范生应确保评价工具能够覆盖教学内容的主要知识点和技能，以便更好地评估学生的学习情况。

（3）关注评价的可行性与有效性。师范生在选择或编制评价工具时，要关注评价的可行性与有效性。评价工具应具有操作性、简便性，易于师范生和学生使用。同时，评价工具应具有较高的信度和效度，能够准确地反映学生的真实学习情况。

2. 实施评价的能力

实施评价的能力是指师范生根据教学目标和内容，运用适当的评价方法和工具，对学生的学习过程和成果进行全面、准确的评价。一个具备良好实施评价能力的师范生，需要做到以下几点。

（1）灵活运用评价方法。师范生在实施评价时，要灵活运用多种评价方法。例如，可以采用笔试、口试、实践操作、观察记录等方法，以全面了解学生的学习情况。灵活运用评价方法有助于师范生更好地发现学生的优点和不足，为优化教学策略和提高教学质量提供依据。

（2）关注学生的个体差异。师范生在实施评价时，要关注学生的个体差异。学生的学习兴趣、认知水平、学习风格等方面可能存在差异，因此，师范生应尽量采用多种评价方式，以适应不同学生的特点和需求。

（3）注重评价的公正性。师范生在实施评价时，要注重评价的公正性。这意味着师范生应客观、公正地对待每一个学生，避免因为主观偏见或情感因素影响评价结果。公正的评价有助于激发学生的学习积极性和自信心，促进学生的全面发展。

3. 获取反馈信息的能力

获取反馈信息的能力是指师范生在教学评价过程中，及时、有效地收集学生的反馈信息，以便更好地了解学生的学习状况，调整教学策略，提高教学质量。一个具备良好获取反馈信息能力的师范生，需要做到以下几点。

（1）主动收集反馈信息。师范生在教学过程中要主动收集学生的反馈信息。这可以通过提问、观察学生的表情和行为、组织小组讨论等方式进行。主动收集反馈信息有助于师范生及时发现学生的困惑和问题，为调整教学策略提供依据。

（2）运用多种渠道获取反馈。师范生在获取反馈信息时，要运用多种渠道。除了在课堂上收集反馈信息外，师范生还可以通过课后作业、学生自评、同伴评价等方式，全面了解学生的学习状况。

（3）重视学生的意见和建议。师范生在获取反馈信息时，要重视学生的意见和建议。学生是教学过程中的主体，他们的意见和建议对于师范生了解自身教学质量和提升教育教学水平具有重要参考价值。

（4）及时调整教学策略。师范生在获取反馈信息后，要根据反馈信息及时调整教学策略。例如，如果发现学生的某一知识点掌握不足，师范生应适时调整教学内容和方法，以提高学生的学习效果。

## （二）教学反思能力

教学反思能力由两种能力组成，一是教学内部反思能力，二是教学外部反思能力。其中，教学内部反思能力主要是指对课堂教学反思的能力，教学外部反思能力主要是指对教学专业发展反思的能力。

### 1. 教学内部反思能力

（1）对学情解读反思的能力。对学情解读反思的能力是指师范生在教学过程中能够审视和思考自己对学生的学习情况、需求和特点的了解和把握程度。这一能力对于提高教学质量和促进师范生个人成长具有重要意义。一个具备对学情解读反思能力的师范生，需要做到以下几点。

首先，关注学生的个体差异。师范生在进行学情解读反思时，要关注学生的个体差异，如学生的认知水平、学习风格、兴趣爱好等。师范生需要审视自己是否充分了解学生的差异，以便制定更符合学生需求的教学策略。

其次，检视教学策略的有效性。师范生在进行学情解读反思时，要检视自己采用的教学策略是否有效，这就要求师范生思考所采用的教学方法、手段和资源是否能够满足学生的学习需求，提高学生的学习效果。

再次，关注学生的反馈信息。师范生在进行学情解读反思时，要关注学生的反馈信息，如学生在课堂上的表现、作业完成情况以及课堂评价等。师范生需要思考自己是否充分利用这些信息，以便更好地了解学生的学习状况，调整教学策略。

最后，调整教学策略和方法。师范生在进行学情解读反思后，要根据反思结果及时调整教学策略和方法，如采用更适合学生需求的教学方法、调整课堂互动方式和教学资源等，以提高教学质量。

（2）对教学目标反思的能力。对教学目标反思的能力是指师范生在教学过程中能够审视和思考自己设定的教学目标是否合理、明确以及具有针对性。具备对教学目标反思优秀能力的师范生，需要做到以下几点。

一是明确教学目标。师范生在进行教学目标反思时，首先要明确教学目标。教学目标是指导教学活动的基本依据，合理的教学目标能够保证教学内容和教学方法的针对性。师范生需要审视教学目标是否符合课程标准、学生的实际水平以及教学资源等因素。

二是注重教学目标的层次性。师范生在进行教学目标反思时，要关注教学目标的层次性。这意味着师范生应确保教学目标包括知识、技能、情感、价值观等多个层面，从而更好地促进学生的全面发展。

三是检视教学目标的实现情况。师范生在进行教学目标反思时，要检视教学目标的实现情况。通过对比预期目标与实际成果，师范生可以发现教学过程中存在的问题和不足，为进一步调整教学策略提供依据。

四是调整教学目标。师范生在进行教学目标反思后，要根据反思结果及时调整教学目标。调整教学目标可以包括修改目标内容、调整目标层次和顺序等，以保证教学目标的合理性和可操作性。

（3）对教学状态反思的能力。对教学状态反思的能力是指师范生在教学过程中能够审视和思考自己的教学表现、教学态度和教学方法等，以便更好地改进教学，提高教学质量。一个具备对教学状态反思能力的师范生，需要做到以下几点。

一是审视教学表现。师范生在进行教学状态反思时，要审视自己的教学表现。这包括教学语言、教学组织、课堂互动等。师范生需要思考自己在这些方面的表现是否恰当、有效，以便更好地传授知识、引导学生学习。

二是反思教学态度。师范生在进行教学状态反思时，要反思自己的教学态度。这包括对待学生的态度、对待教学的热情、对待自我提升的意愿等。师范生需要审视自己是否具备良好的教学态度，以便更好地激发学生的学习兴趣和积极性。

三是审视教学方法。师范生在进行教学状态反思时，要审视自己所采用的教学方法。这包括教学手段、教学资源和教学组织等。师范生需要思考自己所采用的教学方法是否有效、创新，以便更好地满足学生的学习需求，提高教学质量。

四是及时调整教学状态。师范生在进行教学状态反思后，要根据反思结果及时调整自己的教学状态。这包括改进教学表现、调整教学态度和更新教学方法等。师范生通过反思和调整，不断提高自己的教学能力，促进个人成长。

2. 教学外部反思能力

（1）对专业知识反思的能力。对专业知识反思的能力是指师范生在教学过程中能够审视和思考自己的专业知识储备、运用和拓展情况，以便更好地提高教学质量和促进个人成长。这种能力对于师范生的专业发展具有重要意义。对专业知识的反思可以从以下几个方面入手。

第一，审视专业知识储备。师范生在进行专业知识反思时，要审视自己的专业知识储备。这包括课程知识、教育学知识、心理学知识等。师范生需要思考自己的知识储备是否充足、更新及时，以便为教学活动提供有力支持。

第二，反思专业知识运用。师范生在进行专业知识反思时，要反思自己的专业知识运用情况。这包括如何将理论知识与实际教学相结合，以及在教学过程中是否能够有效地应用专业知识。师范生需要思考自己在这方面的表现是否得当，以便更好地促进学生的学习进步。

第三，关注专业知识拓展。师范生在进行专业知识反思时，要关注专业知识的拓展。这意味着师范生要不断学习新的专业知识，更新自己的知识体系，以便更好地应对教育改革和教学任务的挑战。

第四，及时调整专业知识结构。师范生在进行专业知识反思后，要根据反思结果及时调整自己的专业知识结构，如加强某一领域的知识储备、调整知识体系中的比例和关系等。师范生通过反思和调整，不断提高自己的专业素养，实现个人成长。

（2）对教学能力反思的能力。对教学能力反思的能力是指师范生在教学过程中能够审视和思考自己的各项教学技能、方法和策略，以便更好地提高教学质量和促进个人成长。对教学能力的反思可以从以下几个方面入手。

第一，审视教学技能。师范生在进行教学能力反思时，要审视自己的教学技能。这包括组织教学、教学方法、课堂管理、教学评价等方面的能力。师范生需要思考自己在这些方面的表现是否得当，以及如何提高这些技能，以便更好地促进学生的学习。

第二，反思教学方法。师范生在进行教学能力反思时，要反思自己所采用的教学方法。这包括讲授、讨论、合作学习等多种教学方法。师范生需要思考自己是否能够根据学生的学习需求和特点，灵活运用不同的教学方法，以便提高教学效果。

第三，思考教学策略。师范生在进行教学能力反思时，要思考自己所采用的教学策略。这包括激发学生兴趣、调动学生主动性、培养学生自主学习能力等方面的策略。师范生需要思考自己是否能够制定合理的教学策略，以便更好地调动学生的学习积极性。

第四，分析教学效果。师范生在进行教学能力反思时，要分析教学过程中的教学效果，如学生的学习进步、学生的参与度、教学目标的实现等方面的效果。师范生需要思考自己的教学能力是否能够带来良好的教学效果，以便进一步提升教学质量。

（3）对教学理念反思的能力。对教学理念反思的能力是指师范生在教学过程中能够审视和思考自己的教育观念、价值观和信仰，以便更好地提高教学质量和促进个人成长。对教学理念的反思可以从以下几个方面入手。

第一，审视教育观念。师范生在进行教学理念反思时，要审视自己的教育观念，包括对教育目的、教育过程和教育评价的认识。师范生需要思考自己的教育观念是否符合时代发展需求，以及能否为学生的全面发展提供支持。

第二，反思价值观。师范生在进行教学理念反思时，要反思自己的价值观，包括对待学生的平等、尊重和关爱等价值观。师范生需要审视自己的价值观是否有助于建立和谐的师生关系，以及能否更好地促进学生的成长。

第三，审视教育信仰。师范生在进行教学理念反思时，要审视自己的教育信仰，包括对教育事业的信念、对学生潜能的信心和对自我发展的信仰。师范生需要思考自己的教育信仰是否具有积极向上的力量，以便更好地激发学生的学习兴趣和积极性。

第四，调整和完善教学理念。师范生在进行教学理念反思后，要根据反思结果调整和完善自己的教学理念，如更新教育观念、树立正确的价值观和培养积极的教育信仰等。师范生通过反思和调整，不断提高自己的教学质量，促进个人成长。

## 四、教学研究能力

教学研究能力是指运用一定的理论和方法，对教育教学问题进行研究和解决的能力。这是师范生能力结构的重要组成部分，也是师范生需要掌握的重要能力之一。教学研究能力的结构要素如表 4–1 所示。

表 4–1　教学研究能力的结构要素

| 一级能力 | 二级能力 | 具体表现 |
|---|---|---|
| 确定研究问题能力 | 观察问题能力 | 能够在课堂中留心观察到教学问题 |
| | 捕捉问题能力 | 在观察到的教学问题中，筛选出具有研究价值的教学问题 |
| | 表述问题能力 | 能用准确的语言来表达概括师范生观察到的教学中存在的问题 |
| 分析研究问题能力 | 资料收集能力 | 能通过对各种资料资源进行收集分析来解释问题 |
| | 逻辑分析能力 | 能厘清问题的逻辑，将资料的线索串联在一起，逻辑关系完整 |
| | 解释问题能力 | 运用收集的资料与理论分析解释问题，找到研究问题的关键所在 |
| 文献综述能力 | 检索技能 | 了解如何使用各种数据库和搜索引擎，如何设定搜索参数，以及如何根据关键词、作者、出版日期等信息进行高效检索 |
| | 阅读和理解能力 | 快速阅读并理解文献的主要内容 |
| | 分析和评价能力 | 对读到的文献进行深入分析和批判性评价 |
| | 整合和比较能力 | 对读过的文献进行整合和比较，发现各研究之间的相同点和不同点，抽取出主要观点和结论 |
| | 写作和表述能力 | 将读到的文献信息以清晰、有逻辑的方式表述出来，形成文献综述部分 |
| | 引用和注释能力 | 知道如何正确引用他人的研究，包括直接引用和间接引用，并提供完整的参考文献信息，遵循相应的引用格式 |

续　表

| 一级能力 | 二级能力 | 具体表现 |
|---|---|---|
| 解决研究问题能力 | 方案设计能力 | 研究方法的选择、方案设计、具体逻辑连接等 |
| | 实践操作能力 | 对研究方案的实施过程清楚、具有完善的动手能力、能将数据的采集归纳做好 |
| | 协同合作能力 | 能在集体中进步，虚心接受他人的指正，将正确观点纳入自己的研究中 |
| 撰写总结研究成果能力 | 写作能力 | 能将自己的研究成果以学术论文、研究报告等形式表达出来 |
| | 创新能力 | 可以提出有创意、与众不同的策略，如对教材、习题的推广和拓展，对教学方案的设计和改进，自制教具 |

### （一）确定研究问题能力

确定研究问题能力是指师范生在教学研究前能够明确关键问题并认识其研究价值的能力。师范生在教育实践中发掘具有实践意义和理论价值的问题，以便更好地开展教学研究，促进自身专业成长，同时有助于提高教学质量和丰富教育理论研究。

#### 1. 观察问题能力

观察问题能力是指师范生在教学过程中发现和识别问题的关键能力。师范生需要具备敏锐的观察力，从细微的教学现象中发现潜在的问题，为后续研究提供依据。观察问题能力主要表现在以下几个方面。

（1）课堂观察。师范生要关注课堂上学生的反馈，观察他们的学习状况、情感表现和行为表现。通过课堂观察，师范生可以发现学生在学习过程中存在的问题，以及哪些教学方法对学生学习效果较好，从而为改进教学提供线索。

（2）学生差异观察。师范生需要关注学生在不同层次上的行为差异，了解他们的学习需求、兴趣和特点，以便采取个性化教学策略，满足不同学生的学习需求，提高教学质量。

（3）教学问题观察。在教学过程中，师范生应关注难以讲解的知识点，通过观察学生的理解程度和反应，判断教学方法是否合适。针对这些问题，师范生可以思考如何改进教学，如调整教学方法、引入实例或者加强课堂互动。

（4）观察与反思。师范生在观察问题的过程中，要不断进行反思，思考问题产生的原因和解决办法，找到问题的根源，从而更加有针对性地进行教学研究和改进。

2. 捕捉问题能力

捕捉问题能力是指在教育过程中能够发现并关注各种潜在问题的能力。这一能力对于师范生针对问题进行深入研究、找到解决方案以及促进教育创新具有重要意义。

师范生需要具备敏锐的观察力和洞察力，以便在教育过程中及时发现潜在问题。例如，针对学生对知识理解不够深入或者学会了但不会运用等问题，师范生通过敏锐地捕捉问题，可以更好地针对问题进行研究和解决。

师范生在捕捉问题时，需要深入探寻问题的内在原因，主要包括家庭原因、教法选择不当、学生智力原因等。深入了解问题成因有助于师范生找到针对性的解决方案，提高教学质量。

师范生在捕捉问题时，需要对问题的内在价值进行判断，涉及问题对教学的实际意义以及其在教育研究层面的有效性和创新性，从而为教育改进和研究提供有力支持。

3. 表述问题能力

表述问题能力是指师范生在发现问题后，能够准确、清晰地描述和阐述问题的能力。这一能力对于师范生深入研究问题、明确研究方向和解决问题具有重要作用。

师范生在表述问题时，应确保对问题的描述准确无误。师范生需要对问题的根源有清晰的认识，避免对问题的描述过于模糊或不准确。准确地表述问题有助于师范生更好地理解问题，并为后续研究提供明确的方向。

师范生应结合实际的教学过程，分析问题产生的原因、背景和影响。这有助于师范生在研究过程中关注实际情况，从而提出更有针对性的解决方案。

师范生在表述问题时，要有针对性地指出教学过程中出现的偏差及其根源。这可以帮助师范生明确研究重点，为后续教学改进和研究提供有力支持。

### （二）分析研究问题能力

分析研究问题能力是指师范生在确定教学研究问题后，能够对相关资料进行收集、整理、分析和综合运用的能力。这一能力对于师范生深入研究问题、提出解决方案以及改进教学实践具有重要意义。

#### 1. 资料收集能力

资料收集能力是师范生进行教学研究过程中的关键能力之一，它涉及如何系统地收集、分类和评价与研究问题相关的资料。具备良好的资料收集能力，可以帮助师范生更有效地开展教学研究，为解决实际问题提供有力支持。资料收集能力主要表现在以下几个方面。

（1）查阅前人研究成果。师范生需要通过查阅前人的研究成果来了解研究领域的发展历程、现状和趋势，以及前人所取得的成就和所使用的方法。这有助于师范生站在前人的肩膀上，避免重复研究，更好地确定自己的研究方向和方法。

（2）掌握多种收集途径。在资料收集过程中，师范生需要熟练运用多种途径和技巧，如图书馆、数据库、互联网资源等，以获取更全面、丰富的研究资料。同时，师范生还应具备甄别资料质量、筛选关键信息的能力，以确保所收集的资料真实可靠、具有研究价值。

（3）分类与整理资料。在收集到大量相关资料后，师范生需要对资料进行分类、整理，以便于后续的分析研究。这包括对资料进行排序、分类、过滤等，确保资料条理清晰、易于理解和运用。

（4）敏锐捕捉新信息。教育领域的研究和实践不断发展和更新，师范生需要具备敏锐地捕捉新信息、新动态的能力。通过持续关注研究领域的最新进展，师范生可以及时吸收新知识、新理念，将它们融入自己的教学研究中，提高研究质量和水平。

2. 逻辑分析能力

逻辑分析能力是师范生在进行教学研究过程中的关键能力之一，它涉及如何通过分析相关资料和信息，厘清问题各部分的因果关系，找到问题的关键所在。具备良好的逻辑分析能力，可以帮助师范生更有效地解决教学问题，提高教学质量。逻辑分析能力主要表现在以下几个方面。

（1）辨识因果关系。师范生需要通过对相关资料的分析，识别出问题各部分之间的因果关系，明确各个因素之间的联系和相互作用。这有助于师范生更深入地理解问题，为找到解决方案奠定基础。

（2）抽丝剥茧。面对复杂的教学问题，师范生应具备抽丝剥茧的能力，从浅层原因深入具体原因，逐步揭示问题的本质。这要求师范生具有严谨的思维和分析能力，能够系统地梳理问题的各个方面，找出关键环节。

（3）构建逻辑线索。在分析问题时，师范生需要将各个因素和环节串联起来，形成一条完整的逻辑线索。这有助于师范生全面地理解问题，避免陷入片面和局部的分析，从而为解决问题提供有力支持。

（4）严谨科学的思维方式。逻辑分析能力要求师范生具备严谨科学的思维方式，能够在分析问题时保持客观、理性的态度，避免受到个人情感和认知偏见的影响，以便更准确地分析问题，找到有效的解决方案。

3. 解释问题能力

解释问题能力是指师范生在进行教学研究过程中，能够对收集到的证据进行有效分析，找出关键信息点，并以简洁明了的语言阐述问题。这一能力对于师范生解决实际教育问题具有重要意义。良好的解释问题能力主要体现在以下几个方面。

（1）收集和出示证据。师范生需要从收集到的资料中筛选关键证据，并在分析问题时提供有效的论证。这要求师范生具备辨识关键信息的能力，同时能够将证据与问题紧密联系，形成有力的论据支持。

（2）结合实际教育研究。解释问题能力要求师范生能够将理论知识与实际教育相结合，以实际问题为导向进行分析，以便更好地理解问题，找到切实可行的解决方案。

（3）简洁明了的表述。在解释问题时，师范生需要用简洁明了的语言阐述问题，避免冗长复杂的叙述。这有助于师范生更清晰地传达自己的观点，便于他人理解和接受。

（4）掌握分析工具。解释问题能力还要求师范生掌握分析时用到的工具，如 SPSS（社会科学统计软件包），师范生需要熟悉这些工具的使用方法和操作步骤，同时明确各系数意义，通过信度和效度来判断所收集的数据是否真实可靠。

**（三）文献综述能力**

文献综述能力是指在研究过程中查阅、理解、分析和评价相关文献，进一步对这些信息进行有效整合和表述的能力。它具体包括以下几个方面。

1. 检索技能

师范生需要具备查找相关文献的技能，包括了解如何使用各种数据库和搜索引擎，如何设定搜索参数，以及如何根据关键词、作者、出版日期等信息进行高效检索。

2. 阅读和理解能力

师范生需要能够快速阅读并理解文献的主要内容，包括研究的目的、方法、结果和结论等。这需要他们对相关领域有一定的知识基础，以及良好的阅读和理解技能。

3. 分析和评价能力

师范生需要对读到的文献进行深入分析和批判性评价，如对研究方法的适用性、数据的有效性、论证的合理性等进行评估。这要求他们具备批判性思维能力。

4. 整合和比较能力

师范生需要对读过的文献进行整合和比较，发现各研究之间的相同点和不同点，抽取出主要观点和结论。这需要他们具备概括和归纳的能力。

5. 写作和表述能力

在文献综述的过程中，师范生需要将读到的文献信息以清晰、有逻辑的方式表述出来，形成文献综述部分。这要求他们具备良好的写作技能和逻辑思维能力。

6. 引用和注释能力

师范生需要知道如何正确引用他人的研究，包括直接引用和间接引用，并提供完整的参考文献信息，遵循相应的引用格式。这要求他们熟悉和掌握相应的引用规则。

### （四）解决研究问题能力

解决研究问题能力是指师范生在教学研究过程中，能够运用整理分析后的资料来证实观点、优化教学策略、明确操作流程和合理运用研究方法。这项能力强调实践操作与理论知识相结合，帮助师范生在解决实际教育问题时更加高效、科学，从而促进教学质量的提升和师范生个人成长。

1. 方案设计能力

方案设计能力是指师范生在进行教学研究时，对研究目的、研究对象、研究方法和研究意义等方面有清晰认识的基础上，能够制定出合理、科学的研究方案的能力。这一能力在教学研究中起到举足轻重的作用，因为一个优秀的研究方案是保证研究质量和实现研究目标的关键。

第一，师范生需要明确研究目的，即希望通过研究解决的问题或达到的预期效果。明确的目标有助于师范生聚焦关键问题，提高研究效率。

第二，师范生要确定研究对象，针对性地分析问题，以便采取针对性的措施。研究对象的选择需要符合实际情况，既不能过于狭窄，也不能过于宽泛。

第三，师范生要选择合适的研究方法。根据研究目标和对象，师范生应选择有效、可行的方法，如实验研究、案例分析、调查问卷等，以确保研究的准确性和可行性。

第四，师范生要明确研究的意义。研究意义体现在对实际教学的改进、教育理论的拓展以及对师范生个人发展的促进等方面。明确研究意义有助于师范生在研究过程中保持动力和信心，为提高教学质量做出贡献。

2. 实践操作能力

实践操作能力是指师范生在教学研究过程中将理论知识应用于实际操作的能力。它涉及方案的实施、数据的分析和结果的讨论等。这一能力对于师范生来说至关重要，因为它能够帮助师范生更好地理解教学现象，发现问题，并制定有效的解决策略。

在方案的实施方面，师范生需要将研究方案付诸实践，具体操作过程中要注意灵活运用研究方法，应对各种实际问题。这就要求师范生具备较强的组织协调能力，确保研究的顺利进行。

在数据分析方面，师范生需要具备批判性思维，剔除不科学的数据，确保分析结果的准确性。这要求师范生熟练掌握各种数据处理方法，对数据进行严谨的筛选和分析。

在结果讨论方面，师范生需要将分析结果与现有理论联系起来，对结果进行解释和评价，提出改进措施或建议。例如，在研究影响师范生教学研究能力高低的因素时，师范生需要根据科学有效的数据分析，判断是教龄还是学历等因素对教学研究能力的影响更大。

3. 协同合作能力

协同合作能力是指师范生与同行、专家及其他教育工作者共同参与研究、解决问题的能力。在面对复杂的教学现象和难题时，协同合作能力有助于师范生拓宽视野，汲取他人的经验和智慧，从而更好地解决实际问题。

首先，协同合作能力要求师范生具备良好的沟通与交流能力。在研究过程中，师范生需要与同行、专家进行有效的信息交流，以便获取关于问题的不同观点和建议。例如，在对受访者进行调查访谈时，师范生应以平等、友好、热情的态度与受访者交流，耐心聆听他们的回答，以获取更多有价值的信息。

其次，协同合作能力需要师范生具备团队协作精神。在教学研究过程中，师范生往往需要与其他教育工作者一起合作完成研究任务，这就要求师范生能够在团队中发挥自己的专长，同时尊重和支持其他成员的工作。

最后，协同合作能力要求师范生在面对困难时具备主动寻求帮助的意识。当遇到难以解决的问题时，师范生应主动向同行、专家求助，借鉴他们的经验和见解，以期攻破难点、找到解决办法。

### （五）撰写总结研究成果能力

撰写总结研究成果能力是指师范生用简洁明了的语言将自己的研究成果清晰地表达出来，通过不断创新反思自己的研究思路和内容，从而提高研究成果的价值。

#### 1. 写作能力

写作能力在撰写总结研究成果的过程中发挥着至关重要的作用，它关乎师范生能否将研究发现和观点以清晰、简洁、有条理的方式呈现出来。在教学研究中，师范生需要撰写研究论文、报告等，以展示自己的研究成果和心得。因此，具备优秀的写作能力对师范生而言是十分重要的。

首先，写作能力要求师范生具备丰富的词汇和表达能力。通过使用恰当的字词，师范生可以更准确地传达自己的思想和观点，使读者容易理解。同时，师范生还需要运用生动、具有艺术性的语言，以增强文章的吸引力。

其次，写作能力要求师范生掌握清晰、简洁的句子结构。简洁明了的句子有助于提高文章的可读性和易懂性。在撰写研究论文和报告时，师范生应尽量避免冗长、复杂的句子，以便读者能够迅速抓住文章的重点。

最后，写作能力还包括文章结构的组织和逻辑性。师范生需要在撰写研究论文和报告时，合理安排文章的结构，保持文章前后一致，使得论文内容条理清晰。同时，师范生还应确保文章的逻辑性强，使得读者能够顺畅地跟随作者的思路进行阅读。

#### 2. 创新能力

创新能力是指师范生在教学实践和理论研究中不断探索新方法、新思路的能力。具备创新能力的师范生能够有效地调动课堂气氛，使教学活动更加生动有趣，从而提高学生的学习效果。创新能力主要体现在以下两个方面。

一是对知识间联系的深入研究。师范生需要不断地挖掘知识之间的内在联系，从而形成更加完整、系统的教学内容体系。这样的教学内容既能让学生更好地理解知识点，也能激发学生对知识的兴趣，提高学习效果。

二是在教学方法和手段上不断尝试新的探索。通过运用多样化的教学方法和手段，师范生可以使课堂氛围更加活跃，调动学生的学习积极性。例如，师范生可以运用现代科技手段，如多媒体、网络资源等，将知识以富有创意的方式呈现给学生，使教学过程更加生动有趣。

在解决教育实践中遇到的问题时，能够独立思考、勇于尝试的精神。面对教育实践中的困难，具备创新能力的师范生会积极寻找新的解决方案，而不是拘泥于传统的教学方法和观念。

总之，上述几种教学实践能力是师范生作为“准教师”在未来教育教学工作中应该具备的能力，由此才能实现专业发展，在教育教学工作中做到游刃有余。

## 第二节　师范生教学实践能力的形成特征

### 一、师范生教学实践能力形成的长期性

教学实践能力的形成是一个长期的过程，这一特征主要体现在心智技能的发展和提升上。师范生在学习、实习过程中需要不断地积累经验，

以逐步掌握和运用教育学、心理学等理论知识。同时，师范生需要培养自己的教学设计、组织、评估等能力，以适应不同的教育环境。

我国教育心理学家冯忠良在总结中外理论与实践的基础上，提出了心智技能形成"三阶段说"，即原型定向、原型操作、原型内化。[①]这一观点充分表明了心智技能的形成并非一蹴而就，而是一个长期的过程。因此，师范生在实践中不断尝试、摸索和调整，会逐渐形成自己的教学风格和特点。

除此之外，在教学能力形成的过程中，相比于显性知识，缄默知识对于师范生来说是更重要的前提条件。这种知识主要包括体态、眼神、语气、手势等非言语交流方式，以及与学生的对话、交流和突发事件处理等方面的技巧。缄默知识的形成和发展需要教师在反复实践中进行体悟和探索，或者通过与实践共同体的协作、对话、意会、模仿和反思等方式获得。因此，师范生个体教学实践能力的形成是一个长期的过程，需要经历由不会到掌握、由生疏到熟练、由低级到高级、由基本到全面，随着实践经历的增加持续提升。

## 二、师范生教学实践能力形成的练习性

教学实践能力的形成需要师范生通过不断地模仿、训练和实践来逐渐提高。练习性是师范生教学实践能力形成的显著特征之一。教学实践能力形成的练习性特征主要体现在以下几个方面。

### （一）明确基本知识

师范生首先需要了解并掌握每项教学技能的基本知识，包括技能的内涵、适用范围、组成要素和操作程序等，为之后的实践和训练奠定坚实的基础。

① 冯忠良，伍新春，姚梅林，等．教育心理学[M]．北京：人民教育出版社，2010：440-446.

### （二）选择合适的训练方式

师范生需要根据自身情况和目标，选择合适的训练方式进行练习，如微格教学、小组练习、自主练习、教育实习等方法都是有效的途径。这些训练方式可以帮助师范生将理论知识转化为实际操作，从而逐步形成系统化、自动化的教学行为和经验。

### （三）反复训练与改进

教学实践能力的提高并非简单地通过机械地重复实现，而是在训练过程中不断进行改进和优化。师范生应在反复练习中积累经验、发现问题并及时调整，从而实现熟能生巧，娴熟运用所学技能。

### （四）结合实际教学场景

师范生在进行教学技能训练时，需要将实际教学场景融入练习过程中，以提高自己在实际教学中的适应能力。这包括面对不同类型的学生、不同教育环境和教学资源等多种情境，以便于在真实教学过程中能够灵活应对各种挑战。

## 三、师范生教学实践能力形成的情境性

教学实践能力形成的情境性特征强调教学技能的获得和运用需要立足具体的教学情境，以便在面对复杂多变的教学环境时，能够根据不同情境灵活运用教学技能。教学实践能力形成的情境性特征主要体现在以下几个方面。

### （一）面对复杂多变的教学情境

在实际教学过程中，教师需要应对各种不同的教学情境，如学科特点、学生需求、教育环境等。因此，师范生需要在训练过程中模拟真实教学情境，逐步适应并掌握在各种情境下的教学技能。

### （二）开放性的技能运用

教学技能的运用，如导入、提问、讲授、课堂讨论、板书、环节过渡、强化和收束等，需要根据不同的教学情境进行调整。师范生在训练中应学会灵活运用这些技能，以应对实际教学中的各种挑战。

### （三）情境化、活动化的训练方法

师范生在教学技能训练过程中，需要通过一定的教学活动和教学情境来进行实践。借助不同的教学条件，在反复模拟中掌握和强化教学技能。这要求师范生在培养实践能力时，注重情境化和活动化的训练方法。

### （四）长期、经常性的教学情境活动

为了使师范生能够熟练掌握教学技能，形成基本教学能力，需要进行长期、经常性的教学情境活动。在这种活动中，师范生可以面对不同的、复杂的情境，灵活掌握教学技能要素，从而培养教学实践能力。

## 四、师范生教学实践能力形成的反馈性

教学实践能力形成的反馈性特征强调了在师范生教学能力培养过程中，有效的反馈对于技能提升的重要作用。教学实践能力形成的反馈性特征主要体现在以下几个方面。

### （一）及时性

在师范生的教学技能培养过程中，及时的反馈对于学习效果和技能提升具有关键作用。教师、导师或同学们应在教学活动结束后尽快提供针对性的反馈意见，帮助师范生了解自身在教学实践中的优点与不足，以便尽快调整和改进。

### （二）针对性

有效的反馈应具有针对性，能够准确指出师范生在教学实践中的具体问题，从而使师范生能够有针对性地进行调整。通过有效的反馈，可

以帮助师范生更加明确自己在教学过程中需要关注的重点，以便更好地提高教学能力。

**（三）建设性**

在提供反馈时，应注重反馈的建设性，旨在帮助师范生进行自我完善和提高。建设性反馈可以激发师范生的学习动力，帮助他们在教学实践过程中不断成长。

**（四）循环性**

教学实践能力的培养是一个持续不断的过程，反馈也应具有循环性。师范生在每次教学实践后都应进行反思和总结，并根据反馈进行相应的调整。随着反馈的不断循环，师范生的教学实践能力将逐渐得到提升。

## 五、师范生教学实践能力形成的多样性

教学实践能力形成的多样性特征强调了在师范生教学能力培养过程中，多种途径、方法和教育资源的综合运用对于技能提升的重要作用。教学实践能力形成的多样性特征主要体现在以下几个方面，如图 4-1 所示。

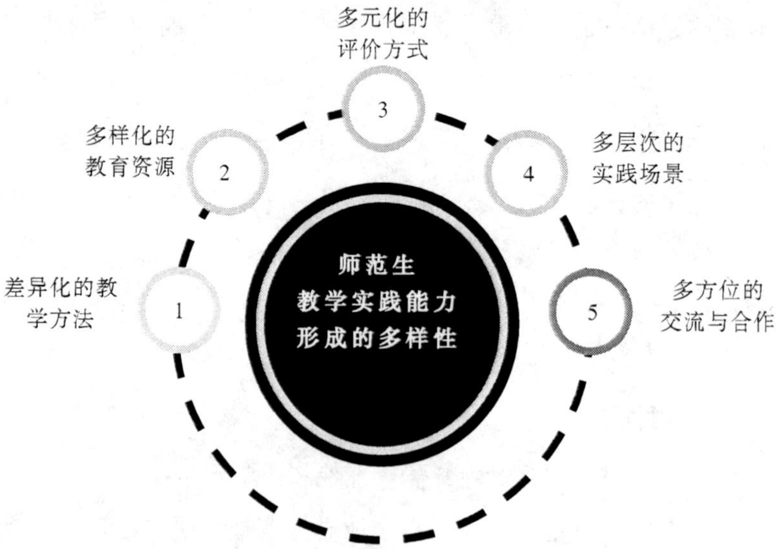


图 4-1　师范生教学实践能力形成的多样性特征

### （一）差异化的教学方法

在师范生的教学能力培养过程中，应注重学习和掌握多种教学方法，如讲授法、问答法、讨论法、案例教学法等，以便在未来教育教学工作中适应不同学科、不同学生和不同教学目标的需要。通过差异化教学方法的学习和运用，有助于师范生更好地理解实际教学过程中的问题，提高自身的教学实践能力。

### （二）多样化的教育资源

在教学实践过程中，师范生应善于利用多样化的教育资源，如教材、多媒体资源、网络资源，以便丰富教学内容和形式，激发学生的学习兴趣。同时，这些资源也能帮助师范生更好地掌握教学知识和技能，提高教学实践能力。

### （三）多元化的评价方式

在师范生的教学实践中，应采用多元化的评价方式，如自评、同行评价、导师评价等，以全面了解自己的教学实践情况。多元化的评价方式可以帮助师范生更客观地认识自己的优点和不足，为教学能力的提升提供有力支持。

### （四）多层次的实践场景

为了帮助师范生形成教学实践能力，需要提供多层次的实践场景，如课堂教学、教育实习、微格教学等。这些不同层次的实践场景可以让师范生在不同的教学环境中锻炼自己的教学技能，有助于提高教学实践能力。

### （五）多方位的交流与合作

在师范生的教学实践过程中，应鼓励他们与其他师范生、教师、导师等多方位交流与合作，分享教学经验和心得，共同解决教学中遇到的问题。通过多方位的交流与合作，可促进师范生教学实践能力的提升。

## 六、师范生教学实践能力形成的整体性

教学实践能力形成的整体性特征是指，在师范生教学实践能力培养过程中，各种教学技能和素质的有机结合和协调发展对于教学实践能力提升的重要作用。教学实践能力形成的整体性特征主要体现在以下几个方面。

### 1. 知识、技能与素质的整合

师范生教学实践能力的形成不仅是单一的知识、技能或素质的积累，还是知识、技能与素质的有机整合。这意味着师范生在教学实践中需要将所学的教育学、心理学、学科知识等运用到实际教学中，同时注重培养教育情怀、教育责任感等教育素质。

### 2. 系统性和连贯性

师范生教学实践能力的形成是一个系统性和连贯性的过程。在这个过程中，师范生需要通过对教育理论的学习、教学方法的掌握、教育实习的体验等逐步形成自己的教学实践能力。这些环节之间具有内在联系，相互促进，共同推动师范生教学实践能力的全面发展。

### 3. 个体差异与共同规律

在师范生教学实践能力的培养过程中，应充分考虑个体差异，因材施教，同时关注教学实践的共同规律。教育工作者应针对师范生的特点和需求，提供个性化的指导和支持，帮助他们在遵循教育规律的基础上，找到适合自己的教学方法和风格。

### 4. 自主性与指导性的结合

师范生教学实践能力的培养既需要自主性，也需要指导性。在教学实践过程中，师范生应主动参与、自主探索，努力提高自己的教学能力。同时，教育工作者应提供必要的指导和支持，引导师范生在实践中正确地运用教育理论和方法。

# 第三节　师范生教学实践能力形成的影响因素

## 一、师范生教学实践能力形成的主观影响因素

### （一）动机水平

动机水平是影响师范生教学实践能力形成的重要主观因素之一。动机是指个体在特定情境下产生行为的内在驱动力。在教育教学活动中，师范生的动机水平直接关系到他们在教学实践中的投入程度、教学质量和教学成果。

动机水平对师范生的学习态度和行为产生重要影响。较高的动机水平可以使师范生更加关注教育教学活动，积极参与教学实践，充分发挥自己的主观能动性。相反，较低的动机水平可能导致师范生在教学实践中表现消极、马虎，不愿意付出足够的努力，从而影响教学实践能力的提升。

动机水平对师范生教学目标的设定和实现具有重要作用。具备明确教学目标的师范生更容易保持持久的动力，追求教学实践能力的不断提高。而缺乏明确教学目标的师范生可能难以在教学实践中形成明确的方向感，进而影响教学成果。

动机水平对师范生的自我调节能力产生影响。具有较高动机水平的师范生更容易在教学实践中发现问题、反思自身，积极调整教学策略，提高教学效果。而具有较低动机水平的师范生可能对自身存在的问题视而不见，无法有效地调整教学方法，从而影响教学实践能力的提升。

动机水平还影响师范生在教育教学改革中的创新意识和适应能力。教育改革需要教师具备创新精神和勇于尝试的态度。具有较高动机水平的师范生更容易关注教育改革动态，积极探索新的教学方法和手段，提升教学实践能力。相反，具有较低动机水平的师范生可能会对教育改革抱有抵触心理，不愿意进行教学实践的改革和创新。

### （二）学习态度

学习态度是指师范生对待学习活动的态度，包括认识、情感和意志等方面，是对师范生价值观的反映，具有调节师范生个体的语言行为和非语言行为的功能。师范生的学习态度对教学实践能力的培养具有重要作用。

学习态度直接影响师范生在教育教学活动中的投入程度。积极的学习态度可以激发师范生的学习兴趣，使他们更愿意参与教学实践活动，充分发挥自身潜能。相反，消极的学习态度可能导致师范生对教学活动产生抵触，无法全身心地投入教学实践。

学习态度对师范生的知识储备和教学技能的发展具有重要影响。具有良好学习态度的师范生更容易吸收各种教育教学理论知识，积极掌握教学方法，如讲授法、问答法、讨论法和案例教学法等。而具有消极学习态度的师范生可能难以有效吸收这些知识和技能，进而影响教学实践能力的提升。

学习态度影响师范生在教学实践中的自我调节能力。良好的学习态度有助于师范生在教学过程中发现问题、反思自身、调整教学策略，以提高教学效果。相反，消极的学习态度可能导致师范生对自身存在的问题视而不见，无法有效地调整教学方法。

学习态度还关系到师范生在教育教学改革中的主动性和创新意识。教育改革需要教师具备创新精神和勇于尝试的态度。具有积极学习态度的师范生更容易关注教育改革动态，积极探索新的教学方法和手段，提升教学实践能力。而具有消极学习态度的师范生可能对教育改革抱有抵触心理，不愿进行教学实践的改革和创新。

### （三）学习方式

学习方式是学生主体在学习过程中形成的一种相对稳定的形式、程序和定式，它关系到学习的效果和质量。不同的学习方式会对师范生的教学实践能力培养产生不同程度的影响。

学习方式对师范生的知识吸收和理解能力具有重要作用。有效的学习方式可以帮助师范生更好地理解和掌握教育教学理论知识，为教学实践能力的提升提供坚实的理论基础。反之，不良的学习方式可能导致师范生在学习过程中难以吸收关键知识，进而影响教学实践能力的提升。

学习方式影响师范生的实践能力培养。通过采用以实践为导向的学习方式，如项目式学习、合作学习、案例分析等，师范生可以在实际操作中不断积累经验，提高教学技能。而单一、死板的学习方式往往难以培养师范生的实践能力，从而影响其教学实践水平。

学习方式关系到师范生的自主学习能力。通过培养师范生的自主学习能力，使他们能够主动寻求知识、解决问题，有助于提高教学实践能力。相反，依赖传统的被动式学习方式可能使师范生缺乏自主学习能力，难以应对教学实践中的挑战。

学习方式还影响师范生的创新意识和适应能力。在教育改革不断推进的背景下，教师需要具备创新精神和适应变化的能力。通过采用灵活多样的学习方式，师范生可以培养较强的创新意识，更好地应对教育教学改革带来的挑战。

### （四）知识结构

知识结构对师范生教学实践能力的形成具有基础性和关键性作用。具备丰富、系统的知识结构的师范生更容易在教学实践中发挥出较高的能力。师范生的知识结构主要包括专业知识、教育学知识、心理学知识、跨学科知识等，这些知识为师范生教学实践能力的培养提供了支撑。

专业知识是师范生教学实践能力的基石。师范生需要掌握扎实的专业知识，以便在教学过程中为学生提供准确、清晰的知识传授。同时，具备丰富专业知识的师范生能够更好地理解学科内涵，从而有助于提高教学实践能力。

教育学知识对师范生教学实践能力的培养具有重要作用。教育学知识包括教育理论、教育方法、教育评价等，这些知识有助于师范生形成科学的教育教学观念，明确教育教学目标和方法，从而提高教学实践能力。

心理学知识对师范生教学实践能力的培养具有积极影响。通过学习心理学知识，师范生能够更好地了解学生的心理特点、需求和发展规律，从而在教学实践中关注学生个体差异，采用适当的教育教学策略，提高教学实践能力。

另外，跨学科知识也对师范生教学实践能力的形成具有一定影响。具备一定跨学科知识的师范生能够在教学过程中更好地融合各学科的知识，使教学内容更为丰富和多元，从而提高教学实践能力。

## 二、师范生教学实践能力形成的客观影响因素

### （一）课程设置

课程设置是影响师范生教学实践能力形成的重要客观因素之一。高校和师范院校的课程设置直接关系到师范生教育教学理论知识的学习和实践能力的培养。合理的课程设置有助于师范生全面、系统地掌握教育教学相关知识，从而提高他们的教学实践能力。

课程设置应注重教育教学理论知识的学习。教育教学理论知识是师范生教学实践能力的基础，合理的课程设置应充分考虑到师范生对教育学、心理学、教育法律法规等基本知识的需求，为他们提供全面、系统的理论学习。

课程设置应关注教学方法和技能的培养。教学方法和技能的掌握是师范生教学实践能力形成的关键，课程设置应涵盖各种教学方法和技能的训练，如讲授法、问答法、讨论法、案例教学法等，使师范生能够灵活运用这些方法进行教学实践。

课程设置应强调实践环节的安排。实践环节是师范生教学实践能力培养的重要部分，合理的课程设置应为师范生提供充足的实践机会，如教育实习、教育调研、教学案例分析等，使师范生能够在实践中不断积累经验，提高教学实践能力。

课程设置应注意跨学科知识的融合。当前的教育改革和发展要求教师具备较强的跨学科知识储备。因此，课程设置应充分考虑到师范生跨学科知识的需求，开设涉及多学科交叉的课程，以提高师范生的教学实践能力。

### （二）教师

发展教育，教师是关键。高校和师范院校教师的专业素质、教学方法和技巧，以及指导和关怀等，对师范生教学实践能力的培养具有重要影响。

教师的专业素养对师范生教学实践能力的培养具有关键作用。具备丰富专业知识和教育教学经验的教师能够为师范生提供更为深入、全面的教育教学理论指导。而教师自身专业素养不高，可能会影响到师范生对教育教学知识的理解和掌握，从而影响其教学实践能力的培养。

教师的教学方法和技巧对师范生教学实践能力的培养具有重要影响。教师应采用多种教学方法，如讲授法、谈论法、演示法、练习法等，激发师范生的学习兴趣，帮助他们更好地理解和掌握教育教学知识。教师的教学方法和技巧的传授与示范将为师范生提供宝贵的参考和借鉴，有助于提高他们的教学实践能力。

教师的指导和关怀对师范生教学实践能力的培养具有积极作用。教师应关注师范生的个体差异，针对他们在教育教学过程中遇到的问题，提供及时、有效的指导。此外，教师的关怀和支持有助于师范生建立自信心，鼓励他们在教学实践中勇于尝试和创新，提高教学实践能力。

### （三）教育教学实践

通过参与实际的教育教学活动，师范生能够将所学理论知识应用于实践中，不断积累经验，提高教学实践能力。教育教学实践的质量和有效性对师范生的教学实践能力培养具有直接影响。

教育教学实践有助于师范生形成教育教学观念。通过参与实践教学，师范生能够更好地理解教育教学的目标、内容和方法，从而形成科学的教育教学观念。具备正确教育教学观念的师范生，在教学实践过程中更容易把握教学重点，提高教学实践能力。

教育教学实践有助于师范生提升教育教学技能。在实际教学过程中，师范生需要运用各种教育教学方法和技巧，如讲授法、课堂讨论法、实验法、启发法等，不断积累经验。通过实践，师范生能够不断磨炼自己的教育教学技能，更好地应对各种教学场景，提高教学实践能力。

教育教学实践有助于培养师范生的自主学习能力和创新精神。在教育教学实践过程中，师范生需要独立思考，解决各种教学问题，从而锻炼自主学习能力。同时，教育教学实践要求师范生具备创新精神，能够结合实际情况设计有趣、富有挑战性的教学活动，提高教学实践能力。

### （四）育人环境

学校的育人环境包括教学设施、校园文化、师生关系、同行交流和学术氛围等多个方面，对师范生的教学实践能力培养具有直接影响。

#### 1. 教学设施

教学设施对师范生教学实践能力的培养具有重要意义。良好的教学设施能够为师范生提供实际教学的场景与条件，使他们能够在一个接近实际教育环境的情境中进行教学实践。此外，先进的教学设备和技术对师范生教学实践能力的培养也具有积极推动作用，使他们能够适应不断发展的教育技术和教学手段。

2. 校园文化

校园文化对师范生教学实践能力的培养具有深远影响。积极向上的校园文化氛围可以激发师范生的学习热情，使他们更加关注教育教学实践。此外，校园文化中的价值观、传统和习惯等对师范生的教育教学观念和教育教学行为具有潜移默化的影响，从而影响他们的教学实践能力。

3. 师生关系

师生关系对师范生教学实践能力的培养具有关键作用。良好的师生关系有助于师范生建立自信，敢于在教学实践中尝试新方法和技巧。与此同时，师生间的互动和交流有助于师范生及时发现和解决教学过程中遇到的问题，从而提高教学实践能力。

4. 同行交流和学术氛围

同行交流和学术氛围也是影响师范生教学实践能力形成的重要因素。通过与同行交流，师范生可以了解最新的教育教学理念、方法和技巧，从而拓宽自己的教育教学视野。在学术氛围浓厚的环境中，师范生能够不断追求教育教学的卓越，努力提高自身教学实践能力。

# 第四章
# 师范生教学实践能力的培养

# 第一节　教学设计能力的培养

## 一、培养师范生教学设计能力的现实意义

### （一）有助于提升教学质量与效果

1. 促进个体差异化教学

优秀的教学设计能够充分考虑学生的个体差异，为不同水平、兴趣和需求的学生提供合适的教学方案。通过因材施教，师范生能更好地满足每个学生的需求，从而提高教学质量。

2. 提高课堂效率

良好的教学设计能让师范生在教学过程中有明确的目标和计划，使课堂时间得到充分利用。这有助于提高课堂效率，确保学生在有限的时间内掌握所需知识和技能。

3. 激发学生学习兴趣

通过教学设计，师范生可以将学生的兴趣和需求融入课堂，运用生动有趣的教学手段激发学生的学习兴趣。学生在兴趣驱动下，更容易投入学习，进而提高教学效果。

4. 培养学生的综合素质

优秀的教学设计不仅关注知识传授，还注重学生的能力培养与素质教育。通过设计多元化的教学活动，师范生可以培养学生的团队协作、批判性思维、解决问题等综合能力，有利于提高教学质量。

**（二）有助于培养学生创新思维和主动学习能力**

1. 创新思维的培养

优秀的教学设计能够培养学生的创新思维。通过设置富有挑战性的任务、开展探究式学习等方式，师范生可以激发学生的好奇心，引导他们主动探索未知领域，培养他们独立思考和解决问题的能力。

2. 主动学习的激发

教学设计要充分考虑学生的主体地位，鼓励他们在学习过程中积极参与、主动探究。通过与学生互动、引导学生讨论、组织小组合作等方式，师范生可以提高学生的参与度，培养他们的自主学习能力。

3. 跨学科知识的整合

优秀的教学设计能够有效整合各学科的知识，为学生提供全面的学习体验。师范生通过设计跨学科的项目和任务，可以帮助学生在多个领域建立知识体系，提高他们的综合素质和创新能力。

4. 创造性思维的培养

在教学设计中，师范生可以运用不同的教学策略，如案例分析、角色扮演、思维导图等，引导学生将所学知识应用于实际问题解决，促进学生的创造性思维和实践能力的发展。

### （三）有助于适应教育技术的发展与应用

1. 满足教育信息化的需求

随着信息技术的飞速发展，教育信息化已经成为教育发展的大趋势。培养师范生教学设计能力有助于他们掌握教育技术的应用，以满足现代教育信息化的需求。

2. 提升教学手段的多样性

教育技术的发展为教学带来了丰富的手段和资源。通过教学设计，师范生可以灵活运用多媒体、网络、虚拟现实等技术，提高教学手段的多样性，使课堂更加生动有趣。

3. 优化教学评价方式

现代教育技术的应用为教学评价提供了更加精细化的工具。师范生在教学设计过程中，可以运用这些工具有效地对学生的学习成果进行评价，从而调整教学策略，提高教学效果。

4. 扩大教学资源的获取渠道

教育技术的发展为师范生提供了广泛的教学资源。通过网络平台、开放课程等渠道，师范生可以获取世界各地的优质教学资源，为学生提供更加丰富的学习材料。

5. 促进教育公平

现代教育技术的应用有助于实现教育资源的共享，缩小地域、学校、家庭等方面的差距。师范生在教学设计中运用教育技术，可以为更多学生提供优质教育，促进教育公平。

6. 支持个性化与智能化教学

教育技术的发展使个性化和智能化教学成为可能。通过教学设计，师范生可以运用人工智能、大数据等技术分析学生的学习需求和特点，实现教学过程的个性化与智能化。

### （四）满足国家教育改革和人才培养战略需求

1. 适应国家教育改革要求

随着国家教育改革的深入推进，教育教学理念和方法不断更新。培养师范生教学设计能力有助于他们跟上教育改革的步伐，更好地适应新的教育环境。

2. 提高国家人才培养质量

教学设计能力是教师素质的重要组成部分，对提高国家人才培养质量具有重要意义。通过培养师范生的教学设计能力，可以提高教育教学水平，为国家培养更多优秀的人才。

3. 塑造创新型国家发展战略

培养具有创新精神和实践能力的人才是国家发展的战略要求。优秀的教学设计有助于培养学生的创新思维和实践能力，为国家创新型发展战略提供人才支持。

4. 国际化教育竞争力提升

在全球化背景下，各国教育竞争日益激烈。培养师范生教学设计能力有利于提升教育的国际竞争力，为国家在全球教育舞台上树立良好形象。

5. 促进区域教育均衡发展

优秀的教学设计能力有助于提高教育教学质量，促进区域教育均衡发展。培养师范生教学设计能力，可以缩小地区、城乡、学校之间的教育差距，助力教育公平。

6. 适应社会发展需求

社会对人才需求日益多元化，而教育教学是培养人才的重要手段。通过提升师范生的教学设计能力，可以更好地满足社会对人才的多样化需求，为国家经济社会发展提供有力支持。

## 二、培养师范生教学设计能力的基本原则

师范生教学设计能力的培养并非易事，为了增强培养效果，需要遵循一定的基本原则，如图 5–1 所示。

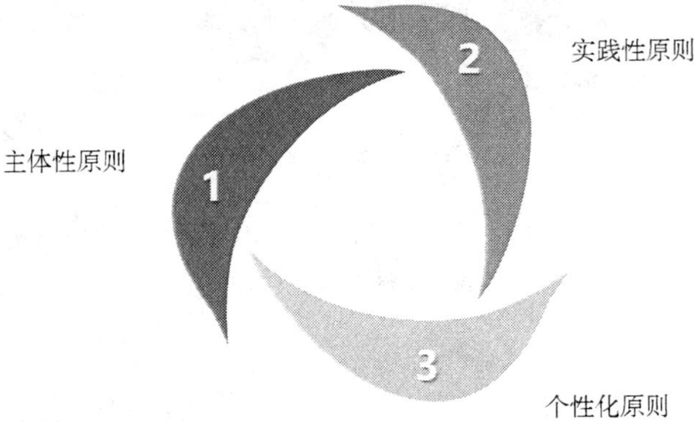


图 5–1　培养师范生教学设计能力的基本原则

### （一）主体性原则

主体性原则是指在师范生教学设计能力培养过程中，强调教师主导与学生主体相结合，旨在实现能力的提升。这一原则关注师范生的主动性、自主性与个性化发展，并充分发挥教师的主导作用。

1. 充分发挥教师的主导作用

虽然主体性原则强调师范生在教学设计能力培养中的主体地位，但教师仍然需要发挥主导作用，通过专业知识和教育经验为师范生提供指导和支持。教师需关注师范生的学习需求，有针对性地设计教学内容和

方法，帮助师范生克服学习难题，实现教学设计能力的提升。

2. 培养师范生的自主意识

在教学设计能力培养过程中，教育者应关注师范生的自主意识，鼓励他们独立思考、积极参与和自主探究。师范生应学会合理安排学习内容、把握学习进度，培养终身学习的能力。

3. 激发师范生的内在动力

培养教学设计能力的过程应关注师范生的情感、态度和价值观。通过合理的激励机制，教育者可激发师范生对教学设计的兴趣和热情，从而促进他们主动投入教学设计实践中。

4. 关注师范生的积极性和创造性

主体性原则要求在教学设计能力培养过程中，注重师范生的积极性和创造性发展。教育者应通过多样化的教学手段和策略，激发师范生的积极性和创造性。

**（二）实践性原则**

实践性原则在师范生教学设计能力培养过程中起到关键作用。该原则强调理论与实践相结合，将所学理论知识应用于实际教学场景，通过理论和实践的双重训练，促进师范生全面发展。

1. 理论与实践相结合

在教学设计能力培养过程中，教育者应注重理论知识的传授，并引导师范生将所学理论知识运用于实际教学场景。通过理论与实践的相互补充，帮助师范生深化对教学设计理论的理解，提高教学设计能力。

2. 设计富有实践性的教学活动

教育者应根据师范生的实际需求，设计具有针对性和挑战性的教学活动，使师范生在实际操作过程中增强教学设计能力。这些活动可以包括课堂教学设计、教学案例分析、教学实习等多种形式。

3. 鼓励师范生自主实践

在教学设计能力培养过程中，教育者应鼓励师范生主动参与实践活动，培养他们的自主意识和探究精神。通过自主实践，师范生可以更好地理解教学设计原则、方法和技巧，进一步提高教学设计能力。

**（三）个性化原则**

由于学生的学习特点、学习程度、学习需求等方面存在较大差异，教育者需要坚持个性化原则，在班级授课制的基础上尽可能地满足师范生的个性化发展，实现因材施教。

1. 了解师范生的个性特点

教育者需要充分了解师范生的学习特点、兴趣爱好、优势与不足等方面的信息，从而为他们提供更加贴合需求的教学设计能力培养方案。

2. 利用信息技术支持个性化学习

教育者可以运用信息技术手段，如在线教育平台、智能学习系统等，为师范生提供个性化的学习资源和教学支持，帮助他们在自主学习过程中实现个性化发展。

3. 设计多元化的教学活动

为满足不同师范生的学习需求，教育者应设计多样化的教学活动，包括课堂讨论、小组合作、项目实践等形式，以便师范生根据自身特点选择适合自己的学习路径。

4. 提供个性化的指导和反馈

在教学设计能力培养过程中，教育者应针对师范生的个性特点提供有针对性的指导和反馈。这样的指导和反馈能够激发师范生的学习兴趣，帮助他们发现和解决问题，从而提高教学设计能力。

## 三、培养师范生教学设计能力的策略

### （一）开设教学设计相关课程

开设教学设计相关课程对于培养师范生教学设计能力具有重要意义，不仅能提升师范生教学设计理论素养，还能培养师范生教学设计技能。教学设计相关课程旨在帮助师范生系统地掌握教学设计的基本理论、方法和技能，从而提高他们在教育实践中的教学质量和效果。为了使教学设计相关课程更具针对性和实效性，可以从以下几个方面制定具体策略。

1. 明确课程目标

在开设教学设计相关课程之初，首先要明确课程目标，使课程设置更具针对性。课程目标应围绕师范生掌握教学设计的基本原则、方法和技巧展开，旨在提高师范生分析、解决教学设计问题的能力。

2. 确立课程内容

确立教学设计相关课程的核心内容，涵盖教学设计的基本理论、方法和实践。课程内容应关注教学设计的全过程，包括教学目标制定、教学内容安排、教学方法选择、教学组织形式、教学评价等方面。

3. 创设实践环境

在教学设计相关课程中，要充分关注实践环节，为师范生提供足够的实践机会。教师可以通过模拟教学、微型课程设计、教学案例分析等形式，让师范生在实践中体验教学设计的过程，提高自己的实践能力。

4. 引入多元化教学方法

在教学过程中，教师应灵活运用多元化的教学方法，激发师范生的学习兴趣和积极性。教师可以采用讲授、讨论、小组合作、案例分析、实践操作等教学方法，帮助师范生更好地理解和掌握教学设计知识。

5. 加强师生互动

在教学设计相关课程的授课过程中，教师应鼓励师范生积极发表自己的观点，进行师生互动。教师可以组织课堂讨论、研讨会等形式，让师范生在交流和互动中提高自己的教学设计能力。

6. 融入信息技术

教学设计相关课程应充分利用现代信息技术，拓展教学资源，提高教学质量。教师可以使用多媒体教学、网络资源等辅助教学，使师范生在学习教学设计的过程中熟练运用信息技术，适应教育信息化的发展趋势。

### （二）提供实际教学设计案例分析

1. 选择具有代表性的案例

在进行教学设计案例分析时，应挑选具有代表性和教育价值的实际教学设计案例。这些案例应涵盖不同学科、不同年级、不同教学环境等多样化场景，以便师范生能够从多个维度学习和了解教学设计的实际应用。

例如，某高中历史课程的教学设计案例，在这个案例中，教师采用了“翻转课堂”的教学模式，将课堂上的传统讲授环节转移到课下，让学生通过在线学习平台预习课程内容。而在课堂上，教师则组织学生进行小组讨论、角色扮演和现场解决问题等互动活动，以提高学生的参与度和学习效果。这个案例具有代表性，因为它涉及高中历史课程，这是一个普遍存在的学科领域。分析这个具有代表性的案例，师范生可以从多个角度了解教学设计的实际应用，包括学科特点、教学方法的选择、教学活动的组织以及学生参与的方式等。此外，这个案例还有助于师范生拓宽视野，认识到教学设计的多样性和创新性，为将来的教育工作做好准备。

2. 分析案例背景

在分析案例之前，需要了解案例的背景信息，包括学科、年级、教学目标、教学内容、学生特点等。这有助于师范生全面了解教学设计的实际情境，为后续的分析提供基础。

3. 研究案例中的教学设计要素

在进行实际教学设计案例分析时，师范生应关注案例中的教学设计要素，如教学目标、教学内容、教学方法、教学组织形式、教学评价等。通过对这些要素的分析，师范生能够深入理解教学设计的核心原理和技巧。

4. 比较和讨论案例

师范生可以对不同的案例进行比较分析，找出其中的优点和不足，从而提升自己的教学设计能力。同时，教师可以组织师范生进行案例讨论，分享彼此的观点和看法，以便更好地吸收和学习别人的经验。

5. 提出改进方案

在实际教学设计案例分析的基础上，师范生应尝试提出改进方案。这可以帮助他们锻炼自己的创新能力和问题解决能力，为将来的教学设计实践提供有益的借鉴。

6. 反思和总结经验

在进行实际教学设计案例分析后，师范生应认真反思自己在分析过程中的得失，并总结经验教训。这有助于他们在今后的教学设计中不断提高自己的水平。

### （三）组织教学设计竞赛与实践活动

通过参与竞赛和实践活动，师范生能够在实际操作中学习和应用教学设计知识，提高自己的教学设计能力。组织教学设计竞赛与实践活动的具体做法如下。

1. 设计合理的竞赛内容

在组织教学设计竞赛时，应设计合理的竞赛内容，涵盖教学设计的各个环节。竞赛内容应侧重于实践操作，要求参赛者在有限的时间内完成一套完整的教学设计方案，体现出教学设计的创新性和实用性。

2. 制定明确的评分标准

为保证竞赛的公平性和公正性，需要制定明确的评分标准。评分标准应围绕教学设计的核心要素展开，如教学目标、教学内容、教学方法、教学组织形式和教学评价等，以客观、公正的方式对参赛作品进行评价。

3. 邀请专家担任评委

为了提高竞赛的专业性和权威性，可以邀请教育领域的专家担任评委。这样既可以确保评审结果的准确性和可靠性，还能为参赛者提供宝贵的专业建议和指导。在教学设计竞赛与实践活动中，教师和评委应及时向参与者提供反馈和指导。对于参赛作品，应从多方面进行评价，包括创意、实用性、符合教育规律等，指出其优点和不足之处，提供改进意见。对于实践活动中遇到的问题，教师应主动给予指导和建议，帮助师范生解决实际问题，提升自己的教学设计能力。

4. 提供丰富的实践活动

除了竞赛之外，还可以为师范生提供丰富的教学设计实践活动，如组织教学设计工作坊、讲座、研讨会等，让师范生在实践中学习教学设计知识，提高自己的教学设计能力。

以教学设计工作坊为例，这种实践活动通常邀请具有丰富教学经验的专家和教师作为导师，与师范生们共同探讨和实践教学设计。第一，主题讲座。邀请教育专家为师范生们讲解某一具体的教学设计主题，如“如何进行高效课堂教学设计”“科学课程的探究式教学设计”等。通过主题讲座，师范生们能够了解到教学设计的理论知识和实践方法。第二，分组讨论。在讲座结束后，师范生们可以分成若干小组，针对讲座中提及的教学设计问题进行讨论，每个小组的成员可以分享自己的观点和想法，相互学习，共同成长。第三，实际操作。导师会提供一些具体的教学设计任务，要求师范生们在小组内合作完成，旨在让师范生们将理论知识应用于实际操作中，提高他们的教学设计能力。第四，成果展示。每个小组完成教学设计任务后，需要向全体参与者展示成果，并接受导师和其他小组成员的评价和建议，从而发现自己在教学设计中的不足之处，并及时进行改进。第五，反思与总结。在活动结束时，师范生们需要进行反思和总结，思考自己在教学设计过程中的收获、困惑和进步。这有助于他们在今后的教学设计实践中，不断提高自己的能力。

5. 搭建交流平台

为了促进师范生之间的经验交流和学术交流，可以搭建线上线下的交流平台。如设立教学设计论坛、微信群等，鼓励师范生分享自己的教学设计心得和经验，互相学习和借鉴。

6. 鼓励团队合作

在组织教学设计竞赛与实践活动时，可以鼓励师范生组成团队参加。团队合作能够培养师范生的团队协作能力和沟通能力，有助于提高他们在教学设计过程中的协同作战能力。

### （四）加强跨学科知识融合与应用

跨学科知识融合与应用能够丰富教学内容，培养具有创新思维和综合素质的优秀教师，为提高教育质量和培养高素质人才发挥重要作用。为了增强师范生对跨学科知识的融合与应用，可以从以下几个方面入手。

1. 增设跨学科课程

在课程设置上，教育机构应增设涉及多个学科领域的跨学科课程，让师范生在学习过程中接触并了解各学科间的联系与互动。这样有助于师范生拓宽视野，提高自己的综合素质，为未来的教学设计实践打下坚实的基础。

2. 培养跨学科思维

在教学过程中，教师应注重培养师范生的跨学科思维能力。鼓励师范生运用跨学科的理论和方法去分析和解决问题，培养他们在不同学科之间自由穿梭、综合运用知识的能力。

3. 实施跨学科项目

组织实施跨学科教学项目，让师范生在实践中体验跨学科知识融合与应用。通过参与项目，师范生可以锻炼自己的合作与沟通能力，培养综合运用跨学科知识解决问题的能力。

4. 提高师资队伍素质

对于教师队伍，教育机构应加强培训，提高教师的跨学科知识储备和教学能力。鼓励教师参与跨学科研究项目，深入了解各学科间的关联性，以便更好地将跨学科知识融入教学设计中。

5. 搭建资源共享平台

建立跨学科知识资源共享平台，汇集多学科领域的优质资源，为师范生提供便利的学习条件。通过资源共享平台，师范生可以自主选择所需学科资源，拓展知识面，提升自身综合素质。

6. 强化政策支持

政府和教育部门应加大对跨学科知识融合与应用的政策支持力度，如制定相关政策、提供经费支持等。有力的政策支持有助于推动跨学科知识融合与应用在教学设计中的普及与推广。

## （五）建立教学设计导师制和互助机制

通过建立教学设计导师制和互助机制，师范生将在导师的指导和同伴的支持下，不断提高自己的教学设计能力。这将为他们在未来的教育工作中更好地应对挑战，提供坚实的基础。

1. 明确导师职责

建立教学设计导师制度，为师范生指导教学设计提供有力保障。教育机构应明确导师职责，要求导师在教学设计过程中为师范生提供指导、建议和支持，帮助他们解决实际问题，提高教学设计能力。

2. 选拔优秀导师

选拔具备丰富教学经验、教学设计能力强的教师担任教学设计导师。选拔过程中要注重导师的专业素养、教育理念和教学方法等，确保导师能为师范生提供有效的指导和支持。

3. 建立导师激励机制

激励导师积极参与教学设计指导工作，提高教学设计导师制度的执行效果。教育机构应为导师提供一定的激励措施，如提高待遇、优先选拔晋升等，鼓励导师积极投身教学设计指导工作。

4. 设立互助小组

将师范生分为若干小组，以便在教学设计过程中互相协作、学习和交流。小组内成员可以在教学设计过程中互相提供建议、解决问题，形成良好的互助学习氛围，促进师范生教学设计能力的提高。

5. 组织定期交流活动

定期组织师范生与导师、同伴之间的教学设计交流活动。通过交流活动，师范生可以分享自己的教学设计经验和心得，学习他人的优点，提升自己的教学设计能力。

6. 搭建在线互助平台

搭建在线教学设计互助平台，方便师范生与导师、同伴进行线上交流和协作。在线互助平台可以有效地拓宽交流渠道，提高师范生教学设计能力的培养效果。

7. 举办培训和研讨活动

定期举办教学设计培训和研讨活动，邀请教育专家和实践经验丰富的教师为师范生提供培训和指导。通过培训和研讨活动，师范生能够了解前沿的教学设计理念和方法，提高自己的教学设计能力。

## 第二节　课堂教学能力的培养

### 一、培养师范生课堂教学能力的现实意义

#### （一）有助于改善教育质量

培养师范生课堂教学能力有助于提升整体教育质量。教师是教育质量的关键因素，具备高水平课堂教学能力的教师能够更好地传授知识、

培养学生的学习兴趣和能力。当教师能够运用恰当的教学方法和技巧，因材施教，有利于提高学生的学业成绩和素质教育水平。此外，优秀的教师还能帮助学生培养批判性思维、创造性思维和团队协作能力，这些能力对于学生未来在社会中的发展具有重要意义。

在面对快速变化的社会背景下，课堂教学能力强的教师能更好地应对各种挑战，跟上时代发展的步伐。教师需要在课堂上灵活运用现代教育技术和多元化的教学手段，以满足学生不同的学习需求。此外，强化师范生课堂教学能力的培养，可以使他们在实际教学过程中更好地把握教育教学的规律，提高教学效果。

### （二）促进学生全面发展

教师的课堂教学能力直接影响学生的全面、可持续发展。优秀的教师能够关注学生的全面发展，包括学业、情感、心理、道德等各个方面。因此，师范生可以有效地激发学生的潜能，帮助学生建立自信心，形成积极的人生观和价值观，为学生的未来成长奠定基础。具备优秀课堂教学能力的教师还能关注学生的个体差异，因材施教，使每个学生都能得到个性化的关注和引导。

另外，在情感关怀方面，具有高水平课堂教学能力的教师能更好地理解学生的情感需求，关注他们的心理健康，营造积极向上的课堂氛围。这样的教师不仅关注学生的学术成就，还关注他们的心理健康，帮助他们应对成长过程中的困惑和挫折。这对于学生的人际关系、社会适应能力和自我认知能力的提升具有重要意义。

### （三）适应教育改革与发展需求

#### 1. 应对新课程改革的挑战

随着教育改革的不断深入，课程体系和教学模式也在发生变革。这就要求教师具备较强的课堂教学能力，以适应新的教育形势。具备优秀课堂教学能力的师范生能更好地理解和把握新课程的理念和要求。例如，组织教学能力和课堂管理能力可以帮助教师有效地组织和引导学生的学习，调动学生的学习积极性；语言表达能力和课堂提问能力有助于激发学生的思考，培养他们的创新精神和实践能力；而板书设计能力则可以帮助教师更好地呈现知识点，提高学生的理解和记忆效果。培养师范生的课堂教学能力，有助于他们更好地适应教育改革的要求，为培养具有创新精神和实践能力的人才做出贡献。

2. 适应多元化教学环境

随着社会的发展和科技的进步，教育教学环境也在不断变化。多元化的教学手段和工具的出现，以及学生需求的多样化，都要求教师具备较强的课堂教学能力。培养师范生课堂教学能力，使他们能够熟练运用现代教育技术，如多媒体、网络等手段，为学生提供丰富的学习资源和途径。除此之外，面对不同学生的个性差异，具备优秀课堂教学能力的教师能更好地进行因材施教，调整教学策略，以满足不同学生的需求。这有助于提高教育教学质量，培养出更多具有综合素质的人才。

## （四）有助于塑造良好的教育生态环境

1. 构建和谐的师生关系

师范生具备良好的课堂教学能力，有助于建立和谐的师生关系。教师在课堂上组织教学、语言表达、课堂提问以及课堂管理等方面的能力，直接影响着与学生的互动效果。一个善于沟通、关心学生的教师，更容易赢得学生的信任和尊重。具备优秀课堂教学能力的教师能够关注学生的需求和困惑，进行及时的指导和帮助，为学生提供更好的学习体验。和谐的师生关系有助于营造积极向上的教育氛围，从而提高学生的学习效果和教育质量。

2. 促进教育交流与合作

培养师范生课堂教学能力，有助于搭建更加开放、共享的教育生态。具备优秀课堂教学能力的教师更愿意与同行进行交流和合作，共同探讨教育教学问题，分享成功的教学经验和策略。这样的交流环境有助于提高整体教育水平，促进教育创新。此外，开放的教育生态还有利于教育资源的整合和利用，使更多的学生和教师受益。例如，教师可以通过网络平台分享优质课程资源，帮助其他教师提高教学水平，为学生提供更丰富的学习资源。

## 二、培养师范生课堂教学能力的基本原则

师范生课堂教学能力的培养需要遵循以下原则，如图 5-2 所示。

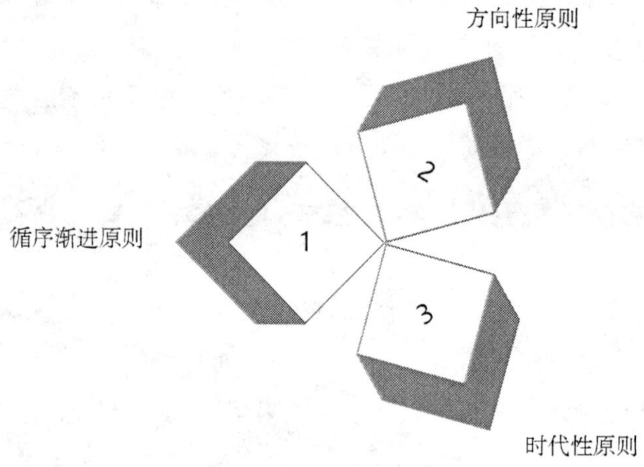


图 5-2　培养师范生课堂教学能力的基本原则

### （一）循序渐进原则

循序渐进原则是指在培养师范生课堂教学能力的过程中，要从简单到复杂、从易到难，按照师范生认知发展的规律进行。这一原则有助于

师范生逐步建立起扎实的教育教学基础，提高其课堂教学能力。

1. 教学内容的安排

在培养师范生课堂教学能力时，应合理安排教学内容，使之符合师范生的认知水平。教学内容的难易程度应由浅入深，使师范生能够在掌握基本知识的基础上，逐步提高其教育教学水平。

2. 实践教学的安排

在实践教学中，师范生应从简单的教育教学任务开始，逐渐过渡到复杂的课题。教师要根据师范生的实际情况，给予适度的指导和支持，促使师范生在实践中不断成长。

3. 评价方式的设计

对师范生课堂教学能力的评价，应遵循循序渐进的原则，设置多层次、多样化的评价指标，以全面反映师范生的教育教学能力发展情况。

**（二）方向性原则**

方向性原则是指在培养师范生课堂教学能力时，要明确培养目标，确保师范生的成长方向符合教育教学发展的需求。这一原则有助于提高培养效果，为培养出优秀的教育工作者创造条件。

1. 明确培养目标

在师范教育中，应确立德智体美劳全面发展的师范生培养目标，使师范生在道德修养、专业知识、教育技能等方面全面发展。

2. 注重培养过程

在培养师范生课堂教学能力时，要关注教育教学过程，使师范生在教育实践中不断积累经验，提高教育教学水平。

3. 关注培养结果

在培养师范生课堂教学能力的过程中，应关注培养结果，定期对师范生的教育教学能力进行评价和反馈，以确保培养目标的实现。

4. 适应社会需求

培养师范生课堂教学能力时，要关注社会对教育工作者的需求，培养具备现代教育理念和技能的师范生，以满足不断发展的教育事业需求。

**（三）时代性原则**

时代性原则是指在培养师范生课堂教学能力的过程中，要紧密结合时代背景，关注教育教学的发展动态，培养具备现代教育理念和技能的师范生。这一原则有助于师范生适应社会发展，提升其教育教学能力。

1. 教育理念的更新

在培养师范生课堂教学能力时，要注重培养其现代教育理念，如学生为主体、教育公平、终身学习等，使师范生能够适应现代教育的发展要求。

2. 教育技术的运用

随着科技的发展，教育技术在教育教学中发挥着越来越重要的作用。因此，在培养师范生课堂教学能力时，要关注教育技术的应用，如信息技术、多媒体教学等，提高师范生的教育教学实践能力。

3. 教育改革的融入

教育改革是教育事业发展的重要推动力。在培养师范生课堂教学能力时，要关注教育改革的动态，使师范生能够积极参与教育改革，为教育事业的发展做出贡献。

4. 国际化视野的拓展

在培养师范生课堂教学能力时，要重视国际化视野的培养，关注世界教育发展趋势，培养具有国际视野和竞争力的优秀师范生。

## 三、培养师范生课堂教学能力的策略

### （一）加强教育心理学和教育学原理训练

教育心理学和教育学原理是师范生课堂教学能力的重要基础，加强这方面的训练有助于师范生更好地理解和应对课堂教学中的各种问题，为师范生打下坚实的理论基础，提高其课堂教学能力。

1. 强化教育心理学基础

教育心理学是研究教育过程中人的心理活动及其规律的学科。师范生应掌握学生的认知、情感、动机等心理特点及发展规律，以便在教育教学中更好地关注学生的个体差异，进行因材施教。此外，师范生还需要学会运用心理学原理来分析和解决课堂教学中的问题，如学生学习困难、情绪问题等。

2. 掌握教育学原理

教育学原理是研究教育活动的基本规律、方法和原则的学科。师范生应深入学习教育学原理，了解教育的目的、任务、方法等方面的基本知识，以便在教育教学中有章可循，提高教学效果。同时，师范生还需学会运用教育学原理来指导实际教育教学活动，不断优化教育教学过程。

3. 融合教育心理学与教育学原理

在培养师范生课堂教学能力时，要注重教育心理学与教育学原理的融合。通过案例分析、教育实践等方式，使师范生在理论学习的基础上，能够将教育心理学与教育学原理运用于课堂教学实践，提高教育教学质量。

4. 强化实践教学环节

教育心理学和教育学原理的学习离不开实际操作。师范生在学习这两门课程时，应加强实践环节，如教育实习、教育实践活动等。通过实践教学，师范生能够将所学理论知识运用于实际教育教学场景，更好地培养其课堂教学能力。

以教育心理学为例，假设师范生正在学习如何应对学生的情感问题。理论学习阶段，他们需要了解学生心理发展的基本规律，掌握应对学生情感问题的基本方法和技巧。在实践教学环节，教师可设计一系列实际场景，让师范生进行角色扮演。例如，模拟一个学生在课堂上情绪波动的场景，师范生扮演教师，尝试运用所学的心理干预策略来安抚学生的情绪。在这个过程中，师范生可以亲身体验教育心理学知识在实际教育场景中的应用，进一步巩固和提高他们的课堂教学能力。同时，通过与同学和指导教师的讨论和反馈，师范生可以发现自己在应用知识方面的不足，从而针对性地进行改进。这样的实践教学环节有助于师范生更好地将教育心理学和教育学原理的理论知识与实际教学相结合，提高其课堂教学能力。

5. 教师角色的引导

在培养师范生课堂教学能力的过程中，教师要发挥示范引领作用，充分运用教育心理学和教育学原理来指导师范生的学习和实践。教师可以通过课堂教学、案例分析、组织研讨等方式，帮助师范生深入理解教育心理学和教育学原理在教育教学中的应用，培养其解决实际问题的能力。

6. 激发师范生的学习兴趣

在教育心理学和教育学原理的学习过程中，要注重激发师范生的学习兴趣。教师可以采用启发式教学、情境教学等方法，使课堂教学内容更加生动有趣，调动师范生的学习积极性。同时，教师还要关注师范生的学习需求和兴趣，因材施教，使师范生更加投入地学习教育心理学和教育学原理。

7. 促进师范生自主学习

在培养师范生课堂教学能力时，要注重培养其自主学习能力。教师可以通过提供学习资源、组织研讨活动等方式，引导师范生自主探索教育心理学和教育学原理的问题。此外，教师还要关注师范生的学习困惑，及时给予指导和支持，帮助师范生克服学习障碍，提高自主学习能力。

**（二）实施课堂教学模拟与实习**

实施课堂教学模拟与实习是培养师范生课堂教学能力的重要途径，通过模拟教学和实际教学实习，师范生可以将理论知识与实际操作相结合，提高自身的教育教学能力。

1. 设计课堂教学模拟环节

课堂教学模拟是师范生在安全、可控的环境中进行教学实践的一种方式。教师可以设计一系列教学场景，让师范生在模拟环境中进行教学设计、组织、实施等全过程的实践，培养其教学技能。通过课堂教学模拟，师范生可以在不断尝试、调整中发现问题、解决问题，增强自信心，为实际教学实习做好准备。

2. 加强课堂教学实习

课堂教学实习是师范生将所学理论知识运用于实际教学场景的关键环节。师范生在实习过程中，可以深入了解学生的学习需求，提高课堂教学组织能力、沟通能力等。在实习过程中，学校应为师范生提供良好的实习支持，如确保实习场所、安排有经验的指导教师等，使师范生能够充分体验教育教学实践。

3. 建立反馈与评价机制

在课堂教学模拟与实习过程中，建立有效的反馈与评价机制至关重要。指导教师应及时对师范生的教学表现进行评价，并提出改进意见。同时，师范生应主动向指导教师请教，以及与同伴互相学习、交流，共同提高课堂教学能力。

4. 创新教学方法

在课堂教学模拟与实习过程中，鼓励师范生尝试创新教学方法，如使用多媒体教学、情境教学、探究式教学等。这有助于师范生拓宽教育教学视野，增强教学能力。同时，教师应关注师范生在尝试创新教学方法过程中遇到的困难，提供支持和指导，帮助他们更好地将创新教学方法应用于实际教学。

5. 注重情感教育与德育引导

在课堂教学模拟与实习过程中，师范生应关注学生的情感需求，注重德育引导。教师要帮助师范生理解情感教育和德育在课堂教学中的重要性，培养他们关爱学生、关注学生个体差异的能力。

### （三）开展多元化教学方法研讨

1. 设立教学方法研讨课程

学校可以设立专门的教学方法研讨课程，邀请有经验的教育专家和教师作为讲师，为师范生提供关于各种教学方法的详细介绍和实践指导。通过这种系统性的学习，师范生可以更深入地了解各种教学方法的理念、特点和实施步骤。

一方面，制定详细的课程大纲。学校应制定详细的教学方法研讨课程大纲，明确课程的目标、内容和进度。课程大纲应包括各种教学方法的理论基础、实践应用、案例分析等内容，以便师范生全面了解不同教学方法的内涵和特点。另一方面，定期更新课程内容。为了跟上教育教学领域的发展，学校应定期更新教学方法研讨课程的内容。可以邀请国内外知名的教育专家和教师，介绍最新的教学理念和方法，以便师范生及时了解和掌握教育教学的前沿动态。

2. 观摩教学与案例分析

通过组织师范生观摩其他教师的教学，以便他们直接了解不同教学方法在实际应用中的效果。此外，还可以邀请教师分享成功的教学案例，让师范生从实际操作中学习教学方法的运用技巧。

首先，选择具有代表性的观摩教学对象。学校应挑选具有丰富教学经验和良好教学效果的教师作为观摩对象。这样的教师能够为师范生展示如何灵活运用多种教学方法，充分调动学生的积极性，提高教学质量。同时，观摩教学对象应涵盖不同学科、不同教学方法的教师，以便师范生从中学习到更丰富的教学经验和技巧。其次，制定明确的观摩目标和要求。学校应为师范生制定明确的观摩目标和要求，让他们在观摩过程中有针对性地关注和思考。例如，可以要求师范生观察教师如何根据学生特点选择适当的教学方法，或者分析教师在课堂上如何调整教学策略以提高学生的学习效果。最后，分析有针对性的案例。邀请教师分享成功的教学案例，让师范生从实际操作中学习教学方法的运用技巧。案例分析应针对具体的教学场景，关注教学方法的选择、实施过程和效果评价等。通过深入剖析教学案例，师范生可以更好地理解和掌握教学方法的实际应用技巧。

### （四）发挥师范生现有优势并提升个别能力

1. 个性化培训计划

教育培训部门应充分考虑师范生的个体差异，为他们制订个性化的培训计划，以发挥他们在特定领域的优势。这可以根据师范生的兴趣爱好、特长和职业发展方向来调整培训课程和方法，从而让他们在提升教学能力的过程中更加得心应手。此外，教育培训部门还应定期对培训计划进行评估和调整，确保其针对性和有效性。

2. 提供实践机会

师范生需要充分的实践机会来发挥他们的优势并提升个别能力。学校和实习基地可以根据师范生的特长为他们提供更多的实践机会，如参加教育教学项目、教育竞赛、教育研究等，让他们在实践中锻炼和提升自己的教学能力。这种实践机会应涵盖多个教育阶段和学科领域，让师范生在广泛的实践中找到自己的兴趣所在。

3. 教育心理支持

在提升个别能力的过程中，师范生可能会遇到挫折和困难。学校应提供教育心理支持，帮助他们建立自信心，树立正确的教育观念和价值观，以便他们在挑战中不断成长和提高。

（1）创建良好的心理氛围。学校应努力营造一个积极向上、包容互助的心理氛围，让师范生在一个健康的心理环境中成长。学校可以通过举办各类文化活动、团队建设等形式，提高师范生的凝聚力和向心力，培养他们积极应对挑战的精神。

（2）提供心理辅导。学校可以设立专门的心理辅导机构或心理辅导员，为师范生提供心理咨询和辅导服务。心理辅导员应具备专业的心理学背景和丰富的教育经验，能够针对师范生在提升个别能力过程中遇到的问题进行有效的心理干预和指导。

（3）家长和社会支持。学校还应与家长和社会保持密切沟通，争取他们的支持和理解，帮助师范生解决在提升个别能力过程中遇到的困难。例如，学校可以邀请家长参加家长会、座谈会等活动，让他们了解师范生在教育教学过程中的困惑和需求，共同为师范生提供支持。

### （五）改革与完善教师教育课程

#### 1. 构建“以师范生为中心”的教师教育课程体系

构建以师范生为中心的教师教育课程体系是提升教师教育质量的核心。这需要高校在两个方面下功夫：一是提升师范生在课程建设中的主体地位；二是尊重师范生的个性化需求，从而更好地满足师范生的需求，促进他们的全面发展。

一方面，提升师范生在课程建设中的主体地位是建立以师范生为中心的教师教育课程体系的关键。具体来说，高校要关注师范生在成长过程中的主动性和创造性，鼓励师范生追求自我提高和终身学习。例如，高校可以通过设置专门的课程或活动，培养师范生关注教育政策、积累教育素材的习惯，从而提升他们的教育素养，帮助师范生在教育实践中更好地解决问题，也可以提升他们的教育观念和教学能力。

另一方面，尊重师范生的个性化需求是构建以师范生为中心的教师教育课程体系的基础。师范生的需求是多元化的，包括自我成长的需求、就业需求等。因此，在课程建设中，高校应在满足国家和地方课程实施要求的基础上，充分考虑师范生的兴趣、发展方向以及情感需求。比如，高校可以设置一些选修课，让师范生根据自己的兴趣和需要选择。这样一来，既可以满足师范生的个性化需求，也可以提升他们的学习积极性和效果。

#### 2. 注重教师教育课程结构的平衡优化

（1）提高教师教育课程占比。为了提升教师教育的质量，高校需要调整课程结构，平衡各类课程的占比，并将更多的重心放在教师教育课程上。这主要包括以下三个方面的工作。

第一，高校需要强化通识课程，帮助师范生建立起全面的科学文化知识体系。通识教育的目的不仅是传授知识，更重要的是培养学生深入理解知识、善于思考问题、掌握学习方法的能力。因此，高校在实施通识课程时，需要将通识教育的理念贯穿始终，引导学生探索知识之间的联系，发现问题，解决问题。这样，高校不仅可以培养学生的知识体系，而且可以提高他们的思考能力和学习能力。

第二，高校需要优化专业课程，将课程的重点放在实际所需的核心知识上。过多的课程可能会导致学生的精力分散，而忽视了最重要的知识点。因此，高校需要精简学科课程，着重教授那些对学生实际教学工作有帮助的知识。同时，高校还需要注意防止通识课程与专业课程之间的割裂，让学生在掌握专业知识的同时，也能了解这些知识在更广阔的知识体系中的位置。

第三，高校需要提高教师教育课程的占比，以突出教师教育的特色。这些课程可以帮助师范生建立正确的教育教学理念，增强他们的职业使命感和责任感。例如，高校可以开设一些关于教育理念、教学方法、学生心理、班级管理等方面的课程，帮助学生了解教育的全貌，掌握教师的基本技能。

（2）增强教师教育课程设置的科学性。提升教师教育课程设置的科学性，强化课程内部的逻辑关联是高校在教师教育课程改革中需要关注的重点。课程类型的选择、学识比例的确定和课程顺序的设定，都对教育质量产生直接影响。因此，高等师范教育机构必须清晰地理解和运用课程间的逻辑关系，避免课程孤立存在，创造一个具有内在连贯性的课程体系。

一方面，高校需要明确教师教育课程的逻辑起点。这个起点包括教育对象的明确，也就是高校要明确课程是为了满足哪类师范生的需求。同时，高校还要确定教育的内容，也就是高校希望师范生通过课程学习掌握哪些知识和技能。此外，教育的方式和方法也需要考虑，包括课程设计、教学方法、评价方式等，都要尽可能地满足教育对象的需求，以最有效的方式传递教育内容。另一方面，高校需要明确教师教育课程的先后顺序。不同的课程之间存在先后关系，一门课程的设定可能需要先修课程的知识基础，也可能会为后续课程打下基础。厘清这些关系，可以帮助高校构建一个连贯的知识体系，使得师范生在学习过程中能够循序渐进，逐步建立和深化对知识的理解。

### （六）"UGS"共育模式下师范生实践基地的建设

《小学教育专业认证标准（第二级）》中提出："与地方教育行政部门和小学建立权责明晰、稳定协调、合作共赢的'三位一体'协同培养机制，基本形成教师培养、培训、研究和服务一体化的合作共同体。"《小学教育专业认证标准（第三级）》指出："与地方教育行政部门和小学建立权责明晰、稳定协调、合作共赢的'三位一体'协同培养机制，协同制定培养目标、设计课程体系、建设课程资源、组织教学团队、建设实践基地、开展教学研究、评价培养质量，形成教师培养、培训、研究和服务一体化的合作共同体。"基于此，有必要建设"UGS"共育模式下师范生实践基地，为师范生的全面发展保驾护航。

#### 1. 政府层面

在"UGS"共育模式下师范生实践基地建设的策略中，政府的作用至关重要。

（1）政策支持和导向。政府是教育政策制定和实施的主体，具有引导和推动教育发展的权威性。在"UGS"共育模式下，政府应制定相关政策和规划，明确实践基地建设的总体目标、策略和步骤，从而提供指导和参考。例如，政府可以在政策中强调实践基地对师范生实践能力提升的重要性，以及"UGS"模式在实践基地建设中的应用。

（2）资源投入和配置。实践基地建设需要大量的物力、财力和人力资源。政府应充分利用自身的资源配置优势，通过增加教育预算、优化资源分配等方式，为实践基地建设提供足够的资源保障。政府还可以通过引导和鼓励社会力量投入，拓宽实践基地建设的资金来源。

（3）项目推动和监督。政府可以通过启动相关项目，推动实践基地建设的具体实施。例如，政府可以设立实践基地建设项目，为符合条件的学校提供支持和帮助。同时，政府还需要对实践基地建设进行监督和评估，确保项目的顺利进行和目标的实现。

（4）建立评价体系。政府需要建立一个全面、公正、透明的评价体系，对实践基地的建设和运营进行科学的评价。评价体系应包括实践基地的硬件设施、教师队伍、教学活动、实践效果等多个方面，以全面反映实践基地的建设和运营状况。

（5）促进合作和交流。政府可以通过组织和推动各种合作和交流活动，促进实践基地之间、实践基地与学校之间、实践基地与社区之间的合作和交流。这不仅可以共享资源、交流经验，提高实践基地建设的效率和效果，也可以促进实践基地与社区的融合，增强实践基地的社会影响力。

2. 高校层面

（1）确定教学实践基地的定位与目标。高校首先应明确实践基地的建设目标和定位，将其置于师范生培养的全局之中，并明确实践基地在培养师范生教学能力、研究能力和个人发展能力等方面的关键作用。

（2）创新实践基地建设模式。高校应当根据“UGS”共育模式的理念和特点，创新实践基地的建设模式，尤其是在师生共同参与、实践与理论相结合、校内外实践相衔接等方面，力求做到与“UGS”共育模式的精神相一致。

（3）强化实践基地的硬件建设。实践基地的硬件建设是实现高质量实践教学的基础。高校应充分利用各种资源，优化基地的硬件设施，包括实验设备、教室设施、图书资料等，以满足师范生多样化的实践需求。

（4）建设高质量的师资队伍。高质量的师资队伍是保证实践基地教学质量的关键。高校应积极引进和培养专业化、经验丰富的教师，提升教师的教学和指导能力，实现师生的共同成长。

（5）加强实践教学活动的组织与管理。高校应健全实践教学的管理机制，确保实践教学活动的有效组织和有序进行。这包括教学活动的设计、实施、评价等各环节，都应做到严谨、细致，以保证实践教学的质量。

（6）建立完善的实践基地评价体系。评价体系是提升实践基地建设质量的重要工具。高校应根据“UGS”共育模式的特点和实践基地的实际情况，建立全面、科学的评价体系，对实践基地的建设和运营进行动态评价和反馈。

3. 中小学层面

在“UGS”共育模式下，中小学在师范生实践基地建设的策略中也占有重要的地位，其能为师范生提供最直接的教学场景和教育实践环境。以下是中小学在实践基地建设中应采取的策略。

（1）创建实践机会。中小学是师范生实践教学的主要场所，应积极为师范生提供多元化的教学实践机会，如课堂教学、活动指导、课程设计、教育研究等，使师范生能够全面参与教育教学活动，深化教育理论与实践的结合。

（2）建立合作关系。中小学与高校应建立长期、稳定的合作关系，通过双向互动、资源共享等方式，提升师范生实践教学的质量和效果。同时，中小学也可以通过合作，引进优质的教育资源，提升自身的教育教学质量。

（3）提供教学指导。中小学的在职教师是教育教学的一线工作者，他们的教学经验和专业素养对师范生具有重要的引导作用。中小学应鼓励在职教师以导师身份，为师范生提供教学指导，如教学策略、课程设计、教学评价等方面的指导，帮助师范生提升教学实践能力。

（4）参与评价与反馈。中小学不仅是师范生实践的场所，也是实践效果的直接反映者。中小学应积极参与到师范生实践教学的评价与反馈中来，对师范生的教学实践进行评价，为师范生提供及时、准确的反馈，帮助师范生及时调整教学策略，提高教学效果。

（5）深化理论与实践的结合。中小学应鼓励师范生将教育理论应用于实践教学中，通过实践检验和深化理论。同时，也应鼓励师范生反思实践，从实践中提炼教育理论，使理论与实践紧密结合，提升教育的科学性和实效性。

## 第三节　教学评价与反思能力的培养

### 一、培养师范生教学评价与反思能力的现实意义

#### （一）培养师范生的自我发展与成长能力

教学评价与反思能力是教师专业发展的重要组成部分。对于师范生而言，培养这方面的能力具有十分重要的现实意义，能够帮助师范生在教育教学过程中，不断地自我发展和成长，为将来成为一名优秀的教育工作者奠定坚实的基础。

培养教学评价与反思能力有助于师范生深化对教育教学过程的理解。通过对课堂教学的评价，师范生能够更好地掌握学生的学情、教学目标、教学状态等方面的信息，从而提高教学效果。同时，教学反思能力使师范生能够在实际教学中发现问题、分析问题并解决问题，有助于他们形成自己的教学风格和教育理念。

培养教学评价与反思能力可以促进师范生的专业素养提升。在教育教学过程中，师范生需要具备丰富的专业知识，才能更好地满足学生的

学习需求。通过对教学评价与反思能力的培养，师范生将不断地检视自己的专业知识储备，从而在教育教学实践中不断提高自己的专业素养。

培养教学评价与反思能力有助于师范生形成良好的教育心理素质。教育工作是一项高度心理素质的职业，需要教师在教育教学过程中具备良好的情绪调节能力、人际沟通能力等心理素质。通过培养师范生的教学评价与反思能力，他们将在实际教学过程中更好地调整心态，提升自己的心理素质。

### （二）增强师范生的教育责任感与使命感

教育工作是一项神圣的事业，对每一位从事教育的人来说，具备强烈的责任感与使命感至关重要。培养师范生教学评价与反思能力，有助于增强他们的教育责任感与使命感，从而更好地投身于教育事业。

通过教学评价与反思能力的培养，师范生能够更加关注学生的学习进步和发展，进而深入分析学生的需求、兴趣和特点，从而更好地满足学生的学习需求。在这个过程中，师范生将逐渐认识到作为一名教师，对学生的成长和发展负有重要的责任。

培养教学评价与反思能力有助于师范生树立正确的教育价值观。通过对教学目标、教学方法、教育理念等方面的反思，师范生将更加明确自己的教育目标，形成正确的教育观念。这将有助于他们在教育教学过程中关注学生的全面发展，而不仅仅是学术成绩，从而更好地承担起教育者的责任。

培养教学评价与反思能力有助于师范生提高教育教学质量。通过对教学过程的评价和反思，师范生能够发现自己在教学中存在的问题，并及时调整教学策略，从而提高教学效果。这将使他们更加深入地认识到作为一名教师，需要不断地追求教育教学质量的提升，为学生的成长提供更好的支持。

### （三）提高师范生适应社会发展需求的能力

在快速变化的社会背景下，培养师范生教学评价与反思能力对于提高他们适应社会发展需求的能力具有重要的现实意义。通过教学评价与反思能力的培养，师范生能够更好地应对教育领域的挑战，培养具备创新精神和实践能力的人才，为社会发展做出贡献。

培养教学评价与反思能力有助于师范生关注时代变革对教育的影响。面对社会、科技、经济等领域的不断变化，教育也需要与时俱进。师范生通过教学评价与反思，能够更加敏锐地捕捉时代发展的脉搏，了解社会发展对教育的需求，从而调整自己的教育理念和教学方法，以适应社会发展的需求。

培养教学评价与反思能力能够提高师范生的创新能力。在教育过程中，教师需要不断创新教学方法和策略，以激发学生的学习兴趣和潜能。通过教学评价与反思能力的培养，师范生将更加重视教育创新，勇于尝试新的教育实践，从而为社会培养具有创新精神和创新能力的人才。

## 二、培养师范生教学评价与反思能力的基本原则

### （一）发展性原则

发展性原则强调在培养师范生教学评价与反思能力的过程中，关注师范生自身的发展和成长，以促进他们在教育教学实践中不断进步和完善。这意味着教育者需要充分尊重师范生的主体地位，关注他们的实际水平，提供适当的指导和支持，以激发他们的内在潜能和积极性。

在培养过程中，教育者应鼓励师范生积极参与教学评价与反思能力的实践，提供充分的机会和空间，让他们在实际教学中锻炼自己的评价与反思能力。同时，培养师范生教学评价与反思能力应注重长远发展，关注师范生在未来教育教学实践中的需求。为此，教育者需要提供持续性的指导和培训，帮助师范生形成系统的教学评价与反思能力，为其未来的教育事业奠定坚实的基础。

教育者应根据师范生的实际水平和特点，采取循序渐进的方式进行培养，关注师范生的个体差异，因材施教，提供个性化的培训和支持。为了鼓励师范生自主学习和反思，教育者可以为他们提供丰富的学习资源和场景，引导他们主动探索、思考和实践，以提高教学评价与反思能力。

### （二）反思与实践相结合原则

反思与实践相结合原则强调在培养师范生教学评价与反思能力过程中，充分认识反思与实践之间的紧密联系，将二者有机地融合，使师范生在实际教学中不断提高自身的教育教学能力。这一原则要求教育者在培养师范生教学评价与反思能力时，既要引导他们进行深入的思考，又要重视他们在教学实践中的积极参与。

反思与实践相结合原则强调师范生在教育教学实践中的反思是提高教学评价与反思能力的重要途径。通过反思，师范生能够认识到自己在教育教学过程中的不足之处，从而在实际操作中加以改进。因此，教育者应鼓励师范生在教学实践中多加思考，深入分析教育教学问题，提出针对性的解决方案，并在实际操作中积极实践。

反思与实践相结合原则强调师范生需要在实际教学中深入参与，以检验自己的教学评价与反思能力。教育者应为师范生提供充足的实践机会，让他们在不同的教育教学场景中亲身体验和实践，从而提高自己的教学评价与反思能力。在实践过程中，教育者还应对师范生的教学行为进行观察和指导，为他们提供及时、有效的反馈，以促进他们的成长与发展。

反思与实践相结合原则还强调教育者关注师范生在教育教学实践中所面临的困境和挑战，帮助他们克服困难，增强自信心。在此过程中，教育者应为师范生提供必要的支持与帮助，鼓励他们勇敢面对挑战，积极寻求解决问题的方法，从而提高他们在教学评价与反思中的实践能力。

### （三）系统性与全面性原则

系统性与全面性原则强调在培养师范生教学评价与反思能力过程中，要以整体和全局的视角对师范生的能力进行培养，确保师范生在各个方面都能得到全面的发展。这一原则要求教育者在培养师范生的教学评价与反思能力时，不仅关注师范生的专业知识和技能，还要关注他们的心理素质、情感态度以及价值观等多方面因素。

系统性与全面性原则意味着教育者需要从宏观和微观的层面对师范生的教学评价与反思能力进行培养。在宏观层面，教育者应关注教育教学的整体目标和方向，引导师范生形成正确的教育观念和价值取向。在微观层面，教育者应关注师范生在教育教学实践中所面临的具体问题和挑战，帮助他们在实际操作中不断提高教学评价与反思能力。

系统性与全面性原则要求教育者在培养师范生教学评价与反思能力时，关注师范生的知识、技能和素质等多方面因素。这包括对师范生的专业知识和技能进行系统的培训和指导，以及对师范生的心理素质、情感态度等方面进行全面的关注和培养。教育者应努力打造一个支持师范生全面发展的培训环境，以提高他们的教学评价与反思能力。

系统性与全面性原则还要求教育者在培养师范生教学评价与反思能力时，采用多元化的方法和手段。这意味着教育者需要结合师范生的个体差异和特点，采用灵活多样的教学方法，如案例分析、小组讨论、模拟教学等，以激发师范生的学习兴趣和积极性，全面提高他们的教学评价与反思能力。

## 三、培养师范生教学评价与反思能力的策略

### （一）培养师范生教学评价能力的策略

#### 1. 强化专业知识与技能培训

强化专业知识与技能培训是提高师范生教学评价能力的基础。师范

生在教学过程中需要运用专业知识和技能，对学生的学习过程和成果进行准确、客观的评价。只有具备扎实的专业知识和技能，师范生才能更好地理解教学目标，把握评价的标准和方法，从而进行有效的教学评价。强化专业知识与技能培训可以从两个方面进行。

一方面，教育者应为师范生提供全面、系统的专业知识教育，包括学科知识、教育学、心理学等方面的内容。教育者应关注师范生的知识储备和理解程度，采取多种教学方法和手段，激发师范生的学习兴趣，帮助他们形成较为完整的专业知识体系。另一方面，强化师范生的评价技能培训也非常重要。教育者需要教授师范生多种评价方法和技巧，如观察法、测试法、访谈法等，让他们能够根据实际情况灵活运用。此外，培训中还要强调评价的公正性、客观性和有效性，使师范生在进行教学评价时能够做到公正、客观、有效地对待每一个学生。

2. 提高评价意识与方法应用

提高评价意识与方法应用对于培养师范生的教学评价能力至关重要。强化评价意识意味着师范生要认识到教学评价在教育过程中的重要作用，从而在教学实践中主动、积极地进行教学评价。而提高方法应用能力则意味着师范生要熟练掌握各种评价方法，并能够根据实际情况灵活运用。具体来说，提高评价意识与方法应用应该从以下几个方面进行。

首先，教育者应帮助师范生深刻认识教学评价的重要性。教学评价不仅能够帮助教师了解学生的学习状况，还能对教学过程进行有效调整，提高教学质量。因此，教育者需要向师范生传递评价的价值观念，使其形成积极的评价意识。

其次，教育者应通过实际案例和教学实践，帮助师范生了解各种评价方法的特点和适用场景。这包括传统的考试评价方法，如笔试、口试等；也包括现代的评价方法，如同行评价、学生自评、互评等。师范生应能够在教学实践中灵活运用这些评价方法，以全面、客观地评价学生的学习情况。

最后，教育者要关注师范生评价方法的创新与应用。在评价过程中，师范生应探索新的评价方法，以适应不断变化的教育环境。教育者要鼓励师范生在实际教学中进行方法创新，如运用信息技术手段进行在线评价，或者设计具有实际意义的项目评价等。

### 3. 建立有效的教学评价标准与体系

建立有效的教学评价标准与体系对于提高师范生教学评价能力具有重要意义。一个完善的评价标准与体系可以帮助师范生全面、客观地评价学生的学习情况，从而更好地指导教学过程，提高教育质量。在实际教学过程中，可以通过以下几点建立有效的教学评价标准与体系。

第一，教育者需要帮助师范生明确评价的目的和目标。教学评价不仅要关注学生的知识掌握情况，还要关注学生的能力、态度、兴趣等多方面因素。因此，在制定评价标准时，要确保这些因素都得到充分考虑，使评价更加全面。

第二，教育者要引导师范生建立适当的评价标准。这包括设置合适的评价指标、制定具体的评价标准和量化评价方法。评价指标要注重学生的全面发展，兼顾知识、技能、情感等方面；评价标准要切实可行，能够真实反映学生的学习水平；量化评价方法要简单易懂，便于师范生操作和实施。

第三，教育者要帮助师范生建立多元化的评价体系。这意味着在评价过程中，要充分发挥各种评价方法的优势，如考试、作业、报告、实践等，从不同角度评价学生的表现。此外，还要注重学生自评、同学互评和教师评价的结合，形成一个互动、共建的评价体系。

第四，教育者要关注评价结果的反馈和改进。师范生在进行教学评价时，要注意及时将评价结果反馈给学生，帮助学生找出问题，制定改进措施。同时，师范生也要从评价结果中找到自己教学的不足，进行自我调整和提升。

第五，教育者要培养师范生的评价标准与体系的更新与完善意识。随着教育环境的不断变化，评价标准与体系也需要不断调整。师范生应具备对评价标准与体系进行持续优化的能力，以适应教育的发展需求。

### （二）培养师范生教学反思能力的策略

1. 高校层面

（1）创新实训手段。高校在培养师范生教学反思能力方面具有重要责任。为了有效提高师范生的教学反思水平，高校需要创新实训手段，以满足师范生个性化和多样化的实践需求。创新实训手段可以从以下几个方面进行。

首先，高校可以利用现代信息技术手段，如网络课程、虚拟现实和远程教育等，为师范生提供丰富多样的实训资源。通过这些技术手段，师范生可以在不受时间和空间限制的情况下，自主开展实训学习，提高实践操作和教学设计能力。

其次，高校可以加强与基础教育阶段学校的合作，为师范生提供更多的实习机会。通过在实际教育场景中进行实习，师范生能够直接面对学生和教育问题，从而更好地锻炼教学能力和反思技巧。

最后，高校可以举办各类教育实践活动和比赛，激发师范生的实践兴趣和热情。这些活动和比赛可以包括教学设计大赛、教育科研项目竞赛等，以促使师范生在实践中提升自己的教育能力和反思水平。

（2）优化教师队伍。优化教师队伍是提高师范生专业实践反思能力的关键。在教学过程中，可以从以下几个方面优化教师队伍。

首先，高校要加强教师的专业培训和学术研究。通过参加各类培训和学术交流活动，教师能够更新教育观念、提升教育水平，从而更好地引导和帮助师范生进行专业实践反思。

其次，高校要关注教师的教育情怀和使命感。优秀的教师应具备较强的教育情怀和使命感，能够关爱学生、关注学生成长。只有具备这些品质的教师，才能为师范生提供高质量的教育服务，培养他们的专业实践反思能力。

最后，高校要加强师范生与教师之间的交流与合作。鼓励教师与师范生共同开展教育实践活动，分享教育经验和心得，以便师范生能够在实际操作中锻炼自己的专业实践反思能力。

2. 实习学校层面

（1）搭建反思平台。实习学校作为师范生实际教学的主要场所，对于培养师范生的专业实践反思能力具有至关重要的作用。实习学校应搭建反思平台，以便师范生能够在实际教学中系统地进行教育反思。搭建反思平台可以从以下几个方面进行。

首先，实习学校可以设立专门的教育反思课程或活动，如教学案例分析、教育问题探讨、教学经验分享，以引导师范生深入思考教育实践中遇到的问题和挑战，帮助师范生提高反思能力。

其次，实习学校可以为师范生提供良好的教育反思环境，鼓励他们积极参与教育实践。这包括为师范生提供充足的实践机会、保障他们充分发挥自主性和创造性，以及给予他们必要的支持和指导。

最后，实习学校可以利用现代信息技术手段，为师范生搭建在线反思平台。通过网络论坛、博客、微信群等渠道，师范生可以随时随地进行教育反思，与同行交流心得，提高反思水平。

（2）强化职业引领。实习学校在培养师范生专业实践反思能力方面，还需强化职业引领，帮助他们树立正确的职业观念和价值观，具体可以从以下几个方面进行。

首先，实习学校可以邀请优秀教师为师范生进行职业引领。优秀教师具有丰富的教育实践经验和高度的教育素养，他们可以为师范生提供宝贵的教育经验，帮助他们更好地进行教育反思。

其次，实习学校可以组织师范生参观先进的教育实践单位，以拓宽他们的教育视野。通过观摩和学习先进的教育实践，师范生可以深化对教育的理解，为自己的专业实践反思提供更广阔的思考空间。

再次，实习学校要注重培养师范生的职业道德和教育情怀。通过举办各类职业道德教育活动，帮助师范生树立正确的职业观念和价值观，培养他们关爱学生、热爱教育事业的情怀。

最后，实习学校可以定期开展教育评估和教学质量检查，以评价师范生在实习过程中的表现和成长。通过对实习成果的检查和评价，实习学校可以为师范生提供及时的反馈，帮助他们明确自己在专业实践反思方面的不足与优势，从而促使他们更好地进行教育反思。

### 3. 师范生自身层面

（1）增强反思意识。师范生自身要增强反思意识，认识到教育反思在教育实践中的重要性。反思意识是师范生进行专业实践反思的前提，也是培养反思能力的基础。师范生要树立教育反思的主动意识，对自己的教育实践进行持续、深入的思考和分析，从而促使自己不断成长和进步。在教育实践中，师范生要学会从学生、教师、课程等多角度进行反思，以全面了解和评价自己的教育实践。

（2）提高反思能力。提高反思能力是师范生专业实践反思的关键。为了提高反思能力，师范生需要掌握反思的方法和技巧，如案例分析法、问题解决法、批判性思维法等。在教育实践中，师范生要学会运用这些方法和技巧，全面、客观地分析自己的教育实践，发现问题、解决问题，从而提高自己的教育水平。

（3）增加反思时间。在专业实践反思过程中，师范生需要投入足够的时间进行深入思考。在日常教育实践中，师范生要合理安排时间，留出充足的时间进行教育反思。师范生可以利用课后、周末等时间，对自己的教育实践进行总结、分析、评价，从而找出存在的问题和不足，为自己的教育实践提供改进方向。师范生还可以与同行、导师交流反思心得，以拓宽自己的教育视野，提高反思效果。

# 第四节　教学研究能力的培养

## 一、培养师范生教学研究能力的现实意义

### （一）有利于提高师范生综合素质，确保师范生教育质量

教学研究能力作为师范生的核心素养之一，对于确保师范生教育质量具有重要意义。培养教学研究能力有助于提高师范生的问题解决能力、批判性思维能力等专业素养，从而使他们在未来的教育教学工作中表现出更高的综合素质。

教学研究能力的培养有助于提高师范生对教育实践的理解。通过确定研究问题、分析研究问题、解决研究问题以及撰写总结研究成果等能力的培养，师范生能够更加深入地了解教育教学的实际问题，以及如何运用理论知识指导实践，从而提高他们在实际教学中的教育教学质量。

教学研究能力的培养有助于师范生形成自主研究的习惯。教师需要具备不断追求新知识、新方法的精神，而教学研究能力的培养正是帮助师范生养成这种习惯的重要途径。当师范生具备较强的教学研究能力时，他们能够主动关注教育领域的新动态、新理念，及时调整教育教学策略，提高教育教学质量。

教学研究能力的培养有助于培养师范生的创新精神。教育工作需要不断创新，只有不断创新才能适应社会发展的需求。培养教学研究能力，使师范生具备发现问题、分析问题、解决问题的能力，从而能够在实际教育教学工作中发挥创新精神，推动教育改革与发展。

### （二）有助于提高中小学教育教学质量

在当前以核心素养为导向的中小学教学背景下，培养师范生教学研究能力具有重要意义，不仅有助于提高师范生的综合素质，确保师范生教育质量，而且能够提高中小学教育教学质量。具有良好教学研究能力的师范生在从教之后，更能深刻地理解“以学习者为中心”的教学理念，对学生的个别化心理需求和思维需求保持敏感，实施基于证据的循证教学，科学理性地进行教学决策和实施教学行为。

培养教学研究能力有助于师范生深入理解教学育人价值。在以核心素养为导向的教学背景下，教育的目标不再仅仅是传授知识，更重要的是培养学生的综合素质和核心素养。具备教学研究能力的师范生能够深入探究教育的本质和目标，从而更好地把握教学的育人价值，为学生提供更有针对性的教育教学。

培养教学研究能力有助于师范生整体把握教学内容。具备教学研究能力的师范生能够根据学生的实际需求和教育教学目标，整体把握教学内容，调整教学进度和难度。这样一来，教师能够更加精准地满足学生的学习需求，提高教学效果。

培养教学研究能力有助于师范生精准选择有效的教学方法。在教学过程中，教师需要根据学生的个性和需求选择合适的教学方法。具备教学研究能力的师范生能够通过对教育教学问题的分析，更加精准地选择有效的教学方法，使教学内容得到更好的呈现和传递，提高学生的学习效果。

## 二、培养师范生教学研究能力的基本原则

师范生教学研究能力的培养需要遵循以下原则，如图 5–3 所示。

图 5–3 师范生教学研究能力培养的基本原则

### （一）原动力原则

原动力原则强调个体在能力培养过程中的主动性和积极性，即师范生自身的努力追求是提高教学研究能力的关键。培养师范生教学研究能力离不开他们自身的热情、勇气和刻苦勤奋，以及对教育事业的认同和价值观。原动力原则涉及师范生的内心世界，包括个性、需要、价值观以及由认识、情感和意志所决定的态度、动机。

首先，关注激发学生的内在动力。教育者需要通过各种方式，如课堂讨论、案例分析、实践体验等，帮助师范生认识到教学研究能力的重要性和价值，从而形成强烈的追求热情。只有具备强烈的追求热情，师范生才能在面对困难和挑战时，保持坚定的信念、付诸行动的勇气和刻苦勤奋的习惯。

其次，关注师范生的个性差异和需求。不同的师范生具有不同的兴趣、特长和发展潜力，因此，在培养教学研究能力的过程中，应充分考虑个体差异，因材施教。教育者要关注每位师范生的特点，提供有针对

性的指导和支持，以满足他们的个性化需求，激发他们的积极性和创造力。

最后，注重师范生的自主学习和自我发展。教育者应鼓励师范生主动探索、独立思考，培养他们在面对问题时寻求解决方法的能力。通过自主学习，师范生能更好地了解自己的优点和不足，调整学习策略，不断提高自己的教学研究能力。

### （二）创造性原则

创造性原则是指在培养师范生教学研究能力的过程中，应注重培养学生的创新意识和创造性思维，使他们能够在教学实践中运用所学知识，主动改进和优化教学方法，以提高教学质量。

第一，培养师范生对条件的主人翁态度。师范生应具备在教育教学过程中自主调整和优化教学方法的能力。教育者应引导师范生充分认识到自己在教学过程中的主导作用，培养他们敢于尝试、敢于改进的精神。

第二，帮助师范生从各种条件中发现对自己有利的一面和可用的一面。教育者应教导师范生学会利用现有条件，如教材、课堂环境、学生特点，以提高教学效果。师范生应学会在复杂的教学情境中灵活运用各种资源，发挥自己的教学研究能力。

第三，鼓励师范生在需要使用条件时敢于拿出来用。教育者应培养师范生的自信心和勇气，使他们敢于在教学实践中尝试新方法、新思路。在实践中，师范生可以通过不断地尝试和实践，找到适合自己的教学方法和策略。

第四，培养师范生敢于改变条件，大胆调动、组合、改造各种条件。为了提高教学质量，师范生应具备创新意识和创造性思维。教育者应引导师范生敢于突破传统教学模式的束缚，敢于尝试新的教学方法和策略，激发学生的学习兴趣和积极性。

### （三）灵活性原则

灵活性原则强调在培养师范生教学研究能力的过程中，要引导学生形成实事求是的态度，培养他们在面对不同教学情境时能够灵活适应、调整和改进的能力。

第一，培养师范生实事求是的态度。教育者应引导师范生在教学实践中坚持以学生为本，关注学生的需求和发展，遵循教育教学规律。师范生应学会在具体的教学实践中，根据实际情况调整教学方法和策略，以确保教学效果。

第二，培养师范生寻找方法和途径的智慧。教育者应教导师范生在教学研究过程中，善于发现问题、分析问题、解决问题。师范生应具备在不同教学情境下，灵活运用各种教学方法和策略的能力，以满足学生的个性化需求和发展。

第三，引导师范生掌握起止、进退、左右、取舍的火候和分寸。在教学实践中，师范生需要根据学生的特点、教学目标和教学内容，灵活地调整教学步骤、教学组织和教学评价。教育者应帮助师范生了解何时调整教学方法，何时坚持原则，以保证教学质量。

第四，培养师范生变化角度、迂回前进、殊途同归的灵活态度。教育者应鼓励师范生在教学实践中，敢于尝试不同的教学方法、教学策略和教学组织形式。师范生应学会在遇到困难和挑战时，勇于改变角度，寻求新的解决方案，以提高教学质量。

## 三、培养师范生教学研究能力的策略

### （一）以实习为平台，实现“学、研、写”有机结合

#### 1. 以“学”为基础，完善人才培养方案和课程设置

为了更好地培养师范生的教学研究能力，首先需要以“学”为基础，

完善人才培养方案和课程设置。师范院校应将教学研究能力作为师范生的必备素养，将其纳入师范生培养目标体系，使学生在整个教育过程中都能感受到教学研究能力培养的重要性。

为实现这一目标，师范院校应增设与教学研究能力培养相关的课程，涵盖教育学、心理学、教育技术学等多个领域，确保学生能够全面掌握教学研究的相关理论知识和研究方法。通过理论课程的学习，师范生应能够强化教学研究意识、学会教学研究选题、设计教学研究方案、掌握教学研究方法，以及具备基本的写作技巧。

2. 以“研”为核心，发挥教育实习的关键性作用

教育实习在培养师范生教学研究能力中具有关键性作用，以“研”为核心，师范生能够在实习过程中充分发挥教学研究能力，提升教育教学素质。

在实习前期，校内指导教师应指导学生做好开展教学研究的准备工作，包括帮助学生在理论学习和查阅相关学科教学研究前沿的基础上，初步确定研究方向，为实习中的教学研究奠定基础。

在实习过程中，师范生应带着问题进行实习。在教学实践中，学生可以论证所选研究课题是否具有真实的研究价值，或在实习单位指导教师的共同指导下，发现新问题，确定新选题。此外，师范生还需在教学实践中开展调查研究，运用多种研究方法，如观察、访谈、问卷调查等，获取一手的调研资料，以便进行深入分析。

在实习过程中，师范生还应积极与实习导师、同伴以及学生互动交流，分享自己的教学研究进展和成果，借鉴他人经验，提升自己的教学研究能力。同时，实习导师和同伴也应为师范生提供指导和支持，帮助他们解决实际教学中遇到的困难，推动教学研究能力的提升。

实习结束后，师范生需要总结自己在实习过程中的教学研究经历，反思所取得的成果和存在的不足，为今后的教育教学工作打下坚实的基

础。同时，师范院校应对师范生的实习成果进行评价和反馈，以促进学生在教学研究能力上不断完善和提高。

3. 以“写”为落脚，培养学生的写作能力

实习结束后，师范生需要整合在实习过程中所积累的研究成果，将教学研究经历、观点和思考系统地表达在毕业论文中。以“写”为落脚，通过撰写毕业论文，培养学生的写作能力和教学研究能力。

师范生在实习结束后，需在校内指导教师的指导下撰写毕业论文。这一阶段，学生需要学会如何将实习中的教学经验、研究成果和心得体会转化为具有理论深度和实践价值的论文。在此过程中，校内指导教师的指导至关重要，他们应帮助学生明确论文结构，引导学生进行合理的论述，提升论文质量。

师范生要保持与实习单位校外指导教师的联系。在论文撰写过程中，学生可以向校外指导教师请教关于实习单位的教学现状、问题和改进措施等方面的意见，以充实论文内容。如有需要，学生还可以在校外指导教师的帮助下进行研究资料的二次采集，以确保论文的实证依据。与此同时，师范生应在写作过程中注重培养自己的写作技巧和学术素养。这包括逻辑思维、论证方法、文献综述、数据分析等方面的能力。在这个过程中，师范生可以通过反复修改、完善论文，不断提高自己的写作水平。

师范生完成毕业论文后，应进行充分的交流与讨论。这可以是在师范生之间、师生之间或与实习单位的教师之间进行交流，以便从中吸取有益的建议，进一步完善论文质量。

**（二）以项目为驱动，依托各类大学生项目申报**

为了提高师范生的教学研究能力，有必要依托各类大学生项目申报，以项目为驱动，培养他们的项目意识和开展项目研究的能力，从而提高师范生的教学研究能力。

吸收学生参加教师的项目团队。通过参与教师的项目研究，师范生可以在实际操作中了解项目研究的全过程，提高项目意识和能力。然而，这种方法存在一定的局限性，如学生参与人数有限、不能完整参与项目实施全过程等问题。因此，需要进一步探索更为有效的培养方式。

组织和指导所有学生组建团队，申报各级各类的诸如“大学生创新创业训练计划”“挑战杯”全国大学生课外学术科技作品竞赛等项目。这种以学生为主体的项目研究可以充分发挥学生的主体性作用，在教师指导下全员、全程、全面地开展项目研究。师范生需要围绕当前基础教育教学改革中的热点、难点问题，自主完成项目选题、创立团队、项目设计、研究条件准备、项目实施、研究报告撰写、成果交流等系列工作。这一过程有助于培养学生独立思考、善于质疑、勇于创新的探索精神。

### （三）高校与中小学发挥各自优势，通力合作培养师范生教学研究能力

在当今社会，培养具有高素质的师范生是教育事业发展的重要任务。为此，高校与中小学应充分发挥各自优势，就师范生教学研究能力培养加强合作。这样的合作不仅有助于提高师范生的教学研究能力，同时也能提升高校与中小学之间的交流与合作水平。

首先，高校要发挥理论研究优势，为师范生提供坚实的理论基础。高校应加强对师范生的理论教育，为其提供系统的教育知识和教育技能培训，让师范生在掌握教育学、心理学等相关学科知识的基础上，具备较强的教学研究能力。

其次，中小学发挥实践教学优势，为师范生提供丰富的实践教学机会。中小学作为教育实践的一线阵地，应为师范生提供多种形式的实习机会，让师范生在实际教育场景中锻炼自己的教学技能，培养其教学研究能力。

再次，高校与中小学应建立“双导师制”，强化对师范生教学研究能

力的培养。高校主动聘请富有教学和研究经验、业务能力强、职业素养高的中小学教师担任校外导师，通过“请进来”“走出去”的方式，共同参与对学生“大创”“挑战杯”等项目以及毕业论文的指导。这种模式有助于提高师范生的教学研究能力，为未来的教育事业提供更多优秀的人才。

最后，中小学与高校共建基础教育教学研究基地，联合高校师生一起开展教学研究活动。这一举措既可以为教育事业培养更多优秀人才，也有助于提升中小学在职教师的教学研究能力。共建基地能让中小学教师与高校教师进行深入的交流，共同探讨教育教学改革中的问题，借鉴彼此的优势，相互促进和激发创新，这将为基础教育教学研究创造更多的条件和可能性。

# 第五章 师范生综合素养的构成要素、形成特征及影响因素

# 第一节 师范生综合素养的构成要素

师范生综合素养是指师范生为了毕业后从教生涯做准备的，在职前教育阶段所形成的知识、能力、情感等方面的身心特征和职业修养的总和。以培养合格师范生为核心，以教师专业化发展为目标，体现终身教育理念，师范生综合素养主要由四部分组成，分别为思想素养、知识素养、能力素养以及身心素养。其中，思想素养是灵魂，知识素养是重点，能力素养是关键，身心素养是基础。

## 一、思想素养

师范生思想素养是指未来教育工作者在政治立场、教育情怀和对学生的关爱等方面所具备的素质，也是他们在担任教育工作者角色时所必须具备的综合素质。这有助于他们在教育实践中更好地传播正能量，引导学生树立正确的世界观、人生观和价值观。师范生的思想素养主要包括以下几个方面的内容。

### （一）坚定政治立场

#### 1. 坚定政治方向

师范生坚定政治立场的表现之一是坚定政治方向，具体表现为对党的基本理论、基本路线、基本方略有深入的了解和高度认同。他们具有较高的政治觉悟，能够在教育实践中自觉地同党中央保持高度一致，为实现中华民族伟大复兴的中国梦贡献自己的力量。

2. 自觉爱国守法

在日常工作和生活中，师范生应遵守国家法律法规，严守社会道德规范，自觉维护国家利益、民族尊严和人民群众的根本利益。此外，他们还应关心国家大事，积极参与时事政治讨论，增强自己的政治敏锐度和责任感。

3. 传播优秀文化

在教育实践中，师范生需要关注民族优秀文化的传承与发扬，弘扬红色文化，积极传播社会主义核心价值观。同时，师范生还应注重培养学生的文化自觉和文化自信，引导学生关注民族优秀文化，使之成为中华民族精神的坚定支柱。

## （二）热爱教育事业

1. 对工作充满激情

热爱教育事业的师范生在即将从事的教育工作中表现出极大的热情，他们认为教育工作是一种崇高的使命，对待教育事业充满了热忱。他们始终保持对教育的热爱，尽全力去启迪学生的智慧、引导学生的成长，从而使学生得到全面发展。他们在教育教学过程中充满活力与创造力，努力为学生创造宽松、愉悦的学习氛围，使得学生对知识充满向往与兴趣。

2. 专注工作

热爱教育事业的师范生在即将从事的工作中表现出高度的专注，始终坚持以学生为本，关注学生的需求与成长。他们通过严谨的教学计划、有效的课程设计、丰富的教学方法，全心全意投入教育教学过程中。此外，他们还关注教育教学改革，勇于接受新的教育理念和教学方法，不断提高自身的教育教学水平。

3. 具备创新意识

热爱教育事业的师范生具备创新意识，他们敢于突破传统的教育模式，勇于实践新的教育理念。在教育教学过程中，他们善于运用多元化的教学手段，如项目式学习、翻转课堂等，激发学生的学习兴趣，培养学生的创新精神和实践能力。此外，他们还关注学生的个性化需求，因材施教，努力培养学生的个性与特长。

4. 严于律己

热爱教育事业的师范生严于律己，他们深知教育工作者的职责与使命，对自身要求严格，不断提升自身的教育教学素养。他们努力学习专业知识，关注教育学、心理学等相关学科的发展，提高自身的教育教学能力。同时，他们还注重品行修养，以身作则，为学生树立良好的榜样。

### （三）关爱学生

1. 尊重学生

关爱学生的师范生首先要尊重学生。师范生要认识到每个学生都具有独特的个性、潜能和兴趣，因此，在教育教学过程中，他们尊重学生的个性差异，充分尊重学生的思想和意愿。师范生不仅关注学生的学业成绩，更注重学生的情感体验、价值观和人格发展。在课堂上，师范生鼓励学生发表自己的见解，为学生创造充满民主、平等、尊重的学习环境，使学生敢于表达、勇于探索。

2. 理解学生

师范生理解学生是关爱学生工作的重要组成部分。在教育教学过程中，师范生需要站在学生的角度去思考问题，深入了解学生的需求、兴趣和困惑。他们关注学生的心理和情感变化，努力了解学生的内心世界，以便更好地帮助学生解决问题和促进其成长。为了更好地理解学生，师范生需要具备较强的观察力和洞察力。他们应关注学生在课堂上的表现、课后的行为和学习成果等方面的变化，从而发现学生的需求和问题。此外，师范生还需要与学生保持良好的沟通，倾听学生的心声，了解他们的想法和感受。

理解学生还有助于师范生培养学生的信任和尊重，从而营造和谐、民主的师生关系。当学生感受到老师的理解和支持时，他们会更愿意与老师分享自己的想法和问题，形成良好的互动和沟通。

3. 关心学生

关爱学生的师范生在教育教学中，始终把学生的利益放在首位，关心学生的生活、学习和成长。他们关注学生的身心健康，为学生提供关爱与支持。在学校生活中，他们关心学生的生活起居，提醒学生注意安全、健康，帮助学生解决生活上的困扰。在学习方面，他们引导学生树立正确的学习观念，培养学生的学习兴趣和学习习惯，鼓励学生发挥潜能，提高学生的综合素质。在心理方面，他们关注学生的心理状况，帮助学生解决心理困扰，培养学生健康的心理素质。

## 二、知识素养

### （一）科学文化知识

科学文化知识是人类对自然、社会和思想领域的认知成果，它包括自然科学知识、社会科学知识和哲学科学知识。这些知识有助于师范生提高综合素质，拓宽视野，更好地进行教育教学工作。

1. 自然科学知识

自然科学知识包括物理学、化学、生物学、地球科学等学科，主要研究自然界的规律和现象。这些学科旨在揭示宇宙、地球和生命等方面的奥秘。通过学习自然科学知识，师范生可以掌握自然界的基本规律，从而促进科技进步和社会发展。此外，自然科学知识还有助于师范生培养科学精神、严谨的态度和创新能力，为教育教学工作提供理论支撑。

2. 社会科学知识

社会科学知识涵盖历史学、经济学、政治学、法学、社会学、心理学等学科，关注人类社会的发展规律、人与人之间的关系以及社会制度的演变等。学习社会科学知识，师范生可以更深刻地理解人类历史和文化，培养正确的世界观、人生观和价值观。此外，社会科学知识还有助于师范生关注社会热点问题，关心学生的成长环境，为教育教学实践提供有益参考。

3. 哲学科学知识

哲学科学知识关注对世界和人生的根本性问题的思考，包括宇宙观、人生观、价值观等方面的探讨。哲学科学知识能够帮助师范生建立正确的世界观和方法论，提高思辨能力和批判性思维。通过学习哲学科学知识，师范生可以更好地理解教育过程中涉及的伦理道德问题，为教育教学实践提供哲学指导。

### （二）学科专业知识

1. 任教学科的专业基础知识

任教学科的专业基础知识是指教师在本学科领域所需掌握的基本概念、原理、方法和技能。这些基础知识为教师在教学过程中进行有效的教学设计、组织、实施和评价提供了理论支撑和实践指导。师范生应具备扎实的学科基础知识，掌握相关学科的核心内容和基本技能，以确保教学质量和效果。

例如，数学教师需要具备代数、几何、微积分等领域的基本知识；语文教师需熟悉文学、语言学、修辞等方面的内容；英语教师应掌握语言学、文学、跨文化交际等领域的知识。师范生通过系统学习本专业的课程，掌握这些基础知识，并在教育实习和教学实践中不断加以运用和巩固。

2. 了解学科发展历程

了解学科发展历程有助于师范生全面掌握学科知识体系，理解学科知识的形成过程以及各种理论观点的演变。这有助于师范生形成系统的学科认识，为教学工作奠定坚实的基础。同时，了解学科发展历程有助于师范生培养对学科的热爱和敬畏，激发对学科研究的兴趣和激情，从而不断提升自身的学科素养。

3. 掌握最新研究成果

掌握最新研究成果对师范生同样至关重要。随着科技的快速发展，学科领域的研究成果不断涌现，师范生需要不断更新知识体系，跟上学科发展的步伐。掌握最新研究成果可以使师范生在教学过程中引导学生了解学科前沿动态，激发学生的学习兴趣和探究精神。

同时，掌握最新研究成果有助于师范生提高教学质量，将最新的学科知识融入课堂教学，使课堂内容更具时代感和针对性。此外，掌握最新研究成果还可以促使师范生在教学实践中关注学科的创新和发展，为学生提供更为丰富的教育资源，培养学生的创新能力和实践能力。

### （三）教育科学知识

教育科学知识是教育工作者在从事教育教学活动时所需掌握的一系列理论和实践知识。它涵盖了教育学、心理学、教育心理学、教育政策法规和学科教材教法等方面的内容。师范生应充分理解和掌握这些知识，以提高教育教学质量和效果。

1. 教育学

教育学是研究教育的本质、目的、过程和方法的学科，为教育工作者提供理论指导。教育学关注教育的基本原理、教育制度、教育过程与教育评价等方面的基础知识，帮助师范生建立科学的教育观念，指导他们更好地开展教育实践。

2. 心理学

心理学研究人类的思维、情感、动机和行为等心理过程与心理现象。心理学为教师提供了关于学生认知发展、学习动机、情感调节等方面的理论和实践知识，使教师能够更好地理解学生的需求，调整教学策略，提高教学质量。

3. 教育心理学

教育心理学是教育学与心理学交叉的学科领域，关注教育过程中的心理现象和规律。教育心理学研究学生的认知、情感和动机等心理特征，探讨教学策略、评价方法等与学生心理特征相适应的教育实践。师范生通过学习教育心理学，能够更好地满足学生的个体差异，提高教育教学效果。

4. 教育政策法规

教育政策法规是国家和地方政府为规范教育行为、保障教育公平、促进教育发展而制定的政策和法律法规。师范生应熟悉教育政策法规的基本内容，了解教育行政管理、学校办学、师资培养等方面的政策要求，以便在教育实践中遵循法律法规，维护教育公平和教育质量。

5. 学科教材教法

学科教材教法是针对具体学科的教材内容、教学方法和策略进行研究的领域。它关注教材的编写、使用和改进，以及针对不同学科特点的教学方法和技巧。师范生通过学习学科教材教法，能够掌握教学内容的安排、组织和呈现，以及如何根据学生的认知水平和需求进行有效的教学设计和实施。

学科教材教法涉及教材的选用、教学目标的设定、教学内容的组织、教学方法的选择、教学评价的设计等。师范生应具备运用教材进行教学设计和实施的能力，结合学生的实际情况，采用多样化的教学方法，激发学生的学习兴趣和积极性，提高学生的学习效果。

## 三、能力素养

### （一）组织管理能力

组织管理能力是教师在教学中保持课堂秩序、营造良好学习氛围的关键能力。一般认为，课堂管理包括人际关系管理、课堂环境管理、课堂纪律管理等。

1. 人际关系管理

（1）尊重与关爱。教师在日常生活中要尊重每一个学生，关心他们的成长与发展。这意味着教师应该对每个学生给予平等的关注，关心学生的学习、生活和情感问题，积极倾听学生的意见和建议。

（2）沟通与互动。教师在课堂上要积极与学生沟通，鼓励学生积极参与课堂互动。这意味着教师要倾听学生的声音，引导学生发表自己的观点，鼓励学生之间相互交流和合作。

2. 课堂环境管理

（1）舒适与安全。教师要确保课堂环境的舒适和安全。这包括保持教室整洁、合理布置座位、确保设备安全等。一个舒适安全的课堂环境有助于学生放松心情，提高学习效果。

（2）氛围营造。教师要营造积极、和谐的课堂氛围。这意味着教师要在课堂上表现出热情、耐心和关爱，鼓励学生积极参与学习，为学生提供充分的表达机会。

3. 课堂纪律管理

（1）规则制定。教师要制定明确、合理的课堂纪律规则，并在课堂上进行宣传和执行。课堂纪律规则可以包括上课时间、举手发言、课堂行为等。明确的课堂纪律规则有助于维护课堂秩序，保证教学效果。

（2）纪律执行。教师要公正、严格地执行课堂纪律规则，对违反规则的学生进行适当处理。处理方式可以包括警告、批评教育、请家长来校等。严格的纪律执行有助于维护课堂秩序，保证教学效果。

（3）激励与引导。在执行课堂纪律规则的同时，教师应关注学生的积极表现，对表现良好的学生给予表扬和激励。这有助于培养学生的自律意识和责任感。同时，教师还应针对违反纪律的学生，采取引导和教育的方式，帮助他们认识错误并改正行为。

（4）预防与疏导。教师要关注课堂纪律问题的预防和疏导，及时发现潜在的问题，并采取有效措施加以解决。例如，教师可以通过课前预习、课堂巡视、学生座位调整等方法，提前发现和预防纪律问题。对于一些特殊情况，如学生情绪不稳定、家庭问题等，教师应及时进行疏导，避免这些问题影响课堂纪律。

### （二）教育信息处理能力

教育信息处理能力是指在教育教学过程中，利用现代信息技术手段高效地收集、整理、分析和运用教育信息的能力。随着信息技术的飞速发展，教育信息处理能力已成为师范生必备的专业素质之一。

首先，师范生需要具备信息检索能力，能够利用网络资源和图书馆等渠道高效地获取教育教学相关信息。其次，师范生应具有信息分析能力，能够针对所收集到的信息进行筛选、整合和评估，以确保所使用的信息具有可靠性和有效性。最后，师范生需要具备信息应用能力，能够将收集到的教育信息灵活地运用到教学设计、教学方法和评价体系等方面，从而提高教学质量。

### （三）自学创新能力

自学创新能力是指师范生在教育教学过程中不断追求学术进步、更新教学理念和方法的能力。这种能力主要包括以下几个方面。

1. 乐学

乐学意味着师范生对知识充满热情和好奇心，善于发现问题并积极寻求解决方案。具备乐学精神的师范生能够激发学生的学习兴趣，为其创造良好的学习氛围。

2. 会学

会学是指师范生能够掌握并运用有效的学习方法和策略，提高学习效率。具备会学能力的师范生可以根据教学目标和学生特点，选择合适的教学方法，提高教学质量。

3. 养成自学习惯

自学习惯意味着师范生具备独立学习、主动探索的品质。具备自学习惯的师范生能够在教育教学过程中不断丰富自己的知识体系，提升自身专业素养。

4. 勇于尝试和创新

勇于尝试和创新是指师范生敢于突破传统教学模式，积极探索新的教学方法和手段。具备这种能力的师范生能够为学生提供多元化、个性化的教学服务，培养学生的创新精神和实践能力。

### （四）思考能力

思考能力是指师范生在教育教学过程中对问题进行深入分析、独立思考和解决的能力。这种能力主要表现在以下几个方面。

1. 逻辑思维

逻辑思维是指师范生能够运用科学的思维方法和逻辑规律分析问题、解决问题。具备逻辑思维能力的师范生可以更加精确、条理地进行教学设计和实施，提高教学质量。

2. 批判性思维

批判性思维是指师范生能够对教育教学现象、理论观点进行客观、理性的评价和判断。具备批判性思维能力的师范生可以在教学实践中发现问题，对教育教学现象进行深入剖析，从而找出问题的根本原因并提出改进方案。

3. 创造性思维

创造性思维是指师范生能够从不同角度和层面思考问题，提出新颖、独特的解决方案。具备创造性思维能力的师范生可以不断地更新教学理念和方法，使教育教学更具有时代感和创新性。

## 四、身心素养

### （一）健康体魄

对于教师而言，拥有健康的体魄是非常重要的。在教学过程中，教师需要面对长时间站立和讲课的压力，同时需要处理学生的问题和应对突发情况，这些都需要有良好的身体素质来应对。具备健康体魄的师范生将来可以更好地投入教学工作中，从容应对各种教学场景和挑战，为学生提供更为稳定、持久的教学支持。

在保持健康体魄方面，师范生应重视锻炼身体，形成良好的生活习惯，以确保在教学工作中保持充沛的精力。具体措施包括定期参加体育锻炼，保持合理的作息时间，保证充足的睡眠和营养摄入。此外，师范生应学会合理调节工作压力，避免过度劳累，以保持身心健康。

### （二）健全心理

在教学工作中，拥有健全心理同样不可或缺。健全的心理有助于师范生更好地应对教学中的困难和压力，保持积极的教育教学态度，更加冷静、理性地分析问题，有效地解决教育教学中遇到的各种问题。

1. 以德为先

师范生应具备高尚的师德，以德为先，树立正确的价值观和道德观。教育的本质是培养有德行的人，因此，师范生应注重自己的言行，对学生起到示范和激励作用。一个品德高尚的教师会赢得学生和家长的信任与尊敬，为自己的教育教学工作奠定坚实的基础。

2. 热爱生活

师范生应热爱生活，积极参与各种社会活动，丰富个人的生活经历。热爱生活的师范生能够将生活中的点滴体验带入教学，使教学内容更加生动、贴近实际，激发学生的学习兴趣。同时，热爱生活的师范生会保持对工作的热情，提高教学质量，为学生创造一个轻松、愉快的学习氛围。

3. 积极向上的心态

师范生应具备积极向上的心态，勇于面对生活中的挫折和困难。在教育教学过程中，难免会遇到各种问题和挑战。具备积极向上心态的师范生能够以乐观、积极的态度看待问题，敢于尝试，勇于改进，不断地提升自己的教育教学能力。同时，积极向上的心态对学生具有示范和感染作用，有助于营造积极的学习氛围。

4. 自信心强

师范生应具备强大的自信心，相信自己能够胜任教育教学工作。自信心是成功的关键，只有自信的教师才能在教育教学过程中不断地尝试新方法、探索新技巧，从而提高教学质量。具备强大自信心的师范生能够在面对困难和挫折时保持坚定的信念，勇敢地迎接挑战，为学生树立自信、勇敢的榜样。

# 第二节　师范生综合素养的形成特征

## 一、师范生综合素养形成的个性化特征

在师范生综合素养形成的过程中，个性化特点是十分明显的，主要表现在以下几个方面。

### （一）不同个体特质

每个师范生都有自己独特的性格、兴趣和天赋，这些因素在一定程度上影响了其自身综合素养的形成。例如，部分师范生在语言表达上有天赋，他们更容易在教学过程中与学生建立良好的沟通；部分师范生对于学科知识有浓厚的兴趣，他们在专业知识方面的积累可能更为深厚。

### （二）学习方法和习惯差异

师范生在学习过程中形成的学习方法和习惯也会影响综合素养的形成。例如，有的师范生善于思考和总结，他们在面对问题时能够更快地找到解决方案；有的师范生善于团队协作，他们在教育实践中能够更好地与他人沟通和协作。

### （三）成长背景和经历

每个师范生的成长背景和经历都不尽相同，这些因素在一定程度上影响了他们综合素养的形成。例如，有的师范生在家庭教育和学校教育中受到良好的熏陶，具备较高的道德素养；有的师范生通过参加社会实

践和实习，积累了丰富的教育教学经验。

### （四）个人努力程度

师范生在综合素养形成过程中所付出的努力程度也会产生差异。例如，一些师范生能够明确自己的目标，持续地投入时间和精力去学习和实践，他们在教育教学方面的综合素养可能更高；而另一些师范生可能对自己的发展缺乏规划和目标，导致综合素养的形成相对滞后。

### （五）专业领域差异

不同专业领域的师范生在综合素养形成上也会呈现出个性化特点。例如，文科类师范生在人文素养方面可能更强，而理科类师范生在科学素养方面可能更突出。

## 二、师范生综合素养形成的整体与局部发展特点

师范生综合素养形成的过程具有整体与局部发展的特点，具体表现在以下几个方面。

### （一）整体性

师范生综合素养的形成是一个系统性、全面性的过程，涉及知识、技能、情感、自主发展等多个方面。

1. 知识结构的整合

师范生需要在学科专业知识、教育学科知识、科学文化知识等多个方面进行全面的学习和积累。这些知识结构相互交织，为师范生提供了丰富的理论基础，使他们在教育教学实践中能够灵活运用所学知识，提高教育教学效果。

2. 技能的融合

师范生在培养综合素养的过程中，需要学习和掌握一系列教育教学

技能，如教学设计、组织与管理、评价与反馈等。这些技能相互关联，共同构成了师范生的教育教学能力体系，有助于提高他们的教育教学实践水平。

3. 情感态度的协调

师范生在培养综合素养的过程中，需要关注自身的情感态度、价值观和职业道德等方面的发展。这些方面相互影响，共同塑造了师范生的人格特质，使他们在教育教学实践中能够积极应对挑战，关爱学生，发挥良好的教育作用。

4. 自主发展的原则

师范生在追求综合素养的过程中，应以自主发展为原则，关注自身各个方面的平衡发展。通过自主学习、反思与调整，师范生能够在知识、技能、情感等多个方面取得全面提升，努力提高自身综合素养的整体水平。

**（二）局部性**

尽管师范生综合素养的形成具有整体性特点，但在具体实践中，各个方面的发展往往呈现出局部性特点。这一特点主要体现在以下几个方面。

1. 阶段性需求

在不同的学习阶段和发展时期，师范生可能需要关注和发展某个方面的能力。例如，在教育实习期间，师范生需要重点提高教育教学技能；在学术研究阶段，师范生则需要加强学科知识和研究方法的学习。这要求师范生根据自身发展的阶段和需求，有针对性地关注和提升某些方面的能力，以促进综合素养的全面发展。

2. 个性化发展

由于每个师范生的兴趣、特长、背景等方面存在差异，他们在综合素养形成过程中的关注点和发展路径可能会有所不同。因此，在培养师范生综合素养时，教育者和师范生自己都需要关注这些个性化因素，制定和调整适合自己的发展策略。

3. 灵活调整

师范生在综合素养形成过程中，需要根据实际情况和需求灵活调整自己的学习策略和方法。例如，当面临新的教育挑战时，师范生需要重新审视自己的知识结构和技能水平，调整学习策略，以提高自己在特定领域的能力。

## 三、师范生综合素养形成的阶段性特征

师范生综合素养形成的过程具有阶段性特征，师范生需要在不同阶段关注不同的目标和任务，不断调整自己的学习策略和方法，以促进自身的全面发展。这一特征主要表现在以下几个方面。

### （一）学习阶段特征

在师范生的学习阶段，他们需要在课堂中积累教育学、心理学、教育法律法规等基础知识，同时加强对学科专业知识的学习。此阶段的目标是为师范生打下坚实的理论基础，培养他们具备教育教学的基本能力。

### （二）实践阶段特征

在实践阶段，师范生需要将所学理论知识应用于实际教育教学场景中，逐渐磨炼自己的教育教学技能。通过实习、教育实践活动等方式，师范生能够了解教育教学场景中的实际需求，提高自己的教育教学能力。

### （三）成长阶段特征

师范生在成长阶段需要不断地自我完善和调整，以提高自己的专业

素养、道德修养和心理素质。通过参加教育培训、学术研究、教育创新等活动，师范生能够不断提高自己的教育教学能力和教育研究水平。

**（四）成熟阶段特征**

在成熟阶段，师范生已具备较高的教育教学能力和研究水平，能够独立承担教育教学任务，为学生提供高质量的教育。此外，师范生还需要关注教育领域的新动态，不断更新自己的知识体系，为教育事业的发展做出贡献。

**（五）反思与调整阶段特征**

师范生在整个职业生涯中都需要不断地反思自己的教育教学实践，找出存在的问题，并进行调整。在这一过程中，他们需要不断地完善自己的教育教学方法和策略，提高自己的综合素养，以适应教育事业发展的需要。

## 四、师范生综合素养形成的生长性特点

师范生综合素养的形成具有生长性特点，这意味着他们在成长过程中不断吸收新知识、新技能和新经验，逐步提高自身的综合素养。生长性特点主要表现在以下几个方面。

**（一）持续发展**

师范生在专业知识、教育技能、情感态度等方面的素养不是一蹴而就的，而是需要在长期的学习和实践中逐步积累和完善。在这个过程中，师范生要保持学习的热情和动力，不断自我调整和完善，以满足教育事业和个人发展的需求。

**（二）反思与自省**

师范生在成长过程中需要经常进行反思与自省，以便认识自身的优势和不足，找出需要改进的地方。通过对教育实践的反思，师范生能够

更深刻地理解教育理论和方法，以提高教育教学能力。

**（三）与时俱进**

社会的快速发展对教育提出了新的要求，师范生需要不断更新知识和技能，跟上时代的步伐。这意味着他们要关注教育领域的新动态、新理念、新技术，以适应不断变化的教育环境。

**（四）学习与合作**

在师范生综合素养形成的过程中，需要与他人进行学习和合作。通过学习与合作，师范生可以相互借鉴经验、共享资源，从而更好地提升自身的综合素养。同时，这也有助于师范生建立良好的人际关系，提高团队协作能力。

## 第三节　师范生综合素养形成的影响因素

### 一、全球化影响

**（一）国际教育交流与合作**

随着全球化的深入推进，教育领域的国际交流与合作日益密切。在这一背景下，师范生综合素养的形成受到了很大的影响，主要表现在以下几个方面。

首先，教育交流与合作的深入进行使得师范生可以更好地了解和学习国际先进的教育理念、教育方法和教育技术。通过国际交流与合作，师范生可以拓宽视野，增加国际比较的认识，从而提高自身的教育水平。

其次，教育交流与合作为师范生提供了丰富的实践机会，有助于提高其实践能力和创新能力。例如，海外实习、交换生项目等为师范生提供了在不同教育环境中锻炼的机会，使他们在实践中不断成长。

最后，随着国际合作项目在高等教育领域的增多，师范生需要具备一定的国际化素养，以适应不断发展变化的教育环境。

### （二）跨文化能力与教育敏感性

在全球化背景下，跨文化能力与教育敏感性对师范生综合素养的形成具有重要影响。跨文化能力是指在不同文化背景下进行有效沟通、协作和适应的能力。这在多元文化背景下的教育环境中显得尤为重要，主要表现在以下几个方面。

首先，跨文化能力可以帮助师范生更好地理解不同文化背景下的学生，为他们提供个性化的教育支持。具备跨文化能力的师范生能够有效地识别和消除文化障碍，促进学生之间的交流与合作。

其次，具备教育敏感性的师范生能够更好地关注学生的个体差异，以及不同文化背景所带来的影响。在教育实践中，师范生需具备教育敏感性，以便更好地满足学生的多样化需求。这意味着师范生需要关注学生的成长背景、性格特点、学习风格等方面的差异，因材施教，有效地支持学生的发展。

再次，具备跨文化能力与教育敏感性的师范生能够在全球化背景下积极应对教育挑战，不断更新教育理念和方法，提高教育质量。通过开展跨文化研究、分享经验和参与国际合作，师范生可以不断拓宽教育视野，提升自身的思想素养和能力素养。

最后，跨文化能力与教育敏感性有助于师范生在全球化背景下树立正确的价值观。尊重多元文化，认识到不同文化背景下的共性与差异，有利于师范生形成包容、开放、多元的教育理念。这将有助于师范生在实际教育工作中发挥更大的作用，为培养具有全球化视野的优秀人才做出贡献。

### （三）信息技术与在线教育的应用

全球化背景下，信息技术的快速发展对教育产生了深远的影响。师范生在综合素养形成过程中需要关注信息技术的发展趋势，并掌握其在教育领域的应用。

在线教育作为信息技术的一个重要应用，为师范生提供了更广泛、更便捷的学习和教育资源。师范生通过在线教育平台可以获取国际上最新的教育理念、教学方法和课程资源，从而拓宽视野，提高教育教学能力。同时，掌握在线教育技术对于培养师范生的知识素养和能力素养具有重要意义。

## 二、个人意识

### （一）自主学习意识

自主学习意识在师范生综合素养形成中起着至关重要的作用。首先，自主学习意识能够引导师范生主动寻找和利用学习资源。这种主动性不仅能够增加学习的深度和广度，也能够帮助师范生更好地理解和消化知识。其次，自主学习意识能够促使师范生有意识地调整和改进学习策略，以便更有效地达到学习目标。这种策略性的学习有助于提高学习效率，进一步提升师范生的学习成果。最后，自主学习意识有助于师范生养成良好的学习习惯，如定期复习、深度思考等。这些良好习惯能够帮助师范生在面临各种教育挑战时，迅速调整心态，寻找解决问题的方法。因此，自主学习意识对师范生综合素养的形成具有积极的促进作用。

### （二）成长与发展意识

成长与发展意识是师范生综合素养形成的重要驱动力。首先，具备成长与发展意识的师范生能够清晰地认识到自己的优势和不足，从而有针对性地提高自己的能力。这种针对性的提高能够使师范生在短时间内获得显著的成长，进一步提升其综合素养。其次，成长与发展意识能够引导师范生对自己的未来有明确的规划和期望。这种明确的规划和期望能够使师范生在面临困难和挑战时，有足够的动力去克服它们，从而促进其综合素养的提升。最后，成长与发展意识还能够使师范生在面临选择时，更加理性和冷静地做出决定。这种理性和冷静的决策可以避免师范生犯错误，使其能够更好地发展自己的职业生涯，进一步提升其综合素养。

### （三）社会责任意识

师范生作为未来的教师，不仅要教授学生知识技能，而且要引导他们成为有社会责任感的公民。因此，师范生自身必须具备强烈的社会责任意识。这种意识将引导他们在教育实践中始终以提高学生的全面素质和社会责任感为目标。

首先，社会责任意识可以激励师范生在学习和实践中追求卓越。这种追求不仅仅是为了个人的成就，更是出于对社会的责任和承诺，能够推动师范生不断提高自己的综合素养，以更好地胜任将来的教育教学工作。

其次，社会责任意识能够帮助师范生树立正确的价值观。在面临各种诱惑和挑战时，社会责任意识将引导师范生坚守教育公平和公正的原则，始终以学生的最佳利益为导向。这对于他们的职业成长和素养提升具有重要的促进作用。

最后，社会责任意识还能够帮助师范生更好地理解和关注社会问题。在社会责任意识的引导下，师范生将更加关注教育的社会影响，更加重视教育在解决社会问题中的作用。这将有助于他们在教育实践中形成更加全面和深入的视角和理解，从而提高他们的综合素养和社会影响力。

## 三、成长环境

### （一）家庭教育背景

家庭教育背景在师范生综合素养形成的过程中起着重要作用。首先，家庭环境对个体的早期心智发展产生深远影响。一个健康、和谐、友爱的家庭环境有利于培养师范生积极向上的人生观和价值观，使他们更容易形成良好的教育观念。

其次，家庭教育背景在很大程度上决定了师范生的学习习惯、沟通能力和情感表达等方面的能力。这些能力在教育教学过程中具有重要意义，有助于师范生更好地与学生、家长和同事建立良好关系。

最后，家长的教育理念和方法也会对师范生产生影响。例如，一个积极、开放的家庭教育环境能够激发师范生的学习兴趣，培养他们的创新精神和批判性思维；而严格的家庭教育可能使师范生在面对学生问题时更加严谨、有序。因此，家庭教育背景在塑造师范生综合素养方面具有独特的价值。

### （二）社会文化环境

社会文化环境对师范生综合素养的形成起到关键作用。不同的社会文化环境会培养出具有不同特点的师范生。例如，一个注重传统文化的社会环境可能使师范生更加重视传统教育理念和方法，而一个强调创新与发展的社会环境则有利于培养具有前瞻性和创新精神的师范生。

社会文化环境影响师范生对教育教学的认识。在一个强调个性发展和多元化的社会中，师范生可能更注重培养学生的创造力和批判性思维，强调因材施教。而在一个强调应试教育的社会环境中，师范生可能会更关注学生的考试成绩和知识掌握，注重规范化教学。因此，社会文化环境对师范生教育观念的塑造起到了重要的导向作用。

除此之外，社会文化环境还会影响师范生的价值观和道德观。例如，一个重视道德教育和人文关怀的社会环境有助于培养具有高尚师德的师范生，他们会关注学生的全面发展，关心学生的成长和心理健康；而在一个竞争激烈、强调实用主义的社会环境中，师范生可能会更注重自身的职业发展和利益，对学生的关爱和关注相对较少。

### （三）学习与工作经历

学习与工作经历是影响师范生综合素养形成的重要因素。在学习阶段，接受过的教育内容、课程设置、教学方法等都会对师范生的教育理念和教学技能产生深刻影响。丰富的学习经历有助于师范生形成宽广的知识体系，掌握多种教育方法，从而提高他们在实际教学中的适应性和创新能力。

工作经历同样对师范生的综合素养产生重要作用。实际的教育工作让师范生接触到各种教育场景和问题，使他们能够在实践中不断地检验、修正和完善自己的教育理念与技能。此外，不同的工作环境和岗位要求也会促使师范生在不断的学习和成长中提升自己的综合素养。

### （四）同伴关系与交往圈子

同伴关系与交往圈子也是影响师范生综合素养形成的关键因素之一。与优秀的同伴相处，有助于师范生树立正确的价值观和人生目标，激发他们的学习欲望和进取心。在同伴间的相互交流与学习中，师范生能够吸取他人的优点，弥补自己的不足，从而全面提高自身的综合素养。

交往圈子的广泛性和多样性也会对师范生产生积极影响。一个具有多元文化背景的交往圈子能帮助师范生开阔视野，增强他们的跨文化交际能力和适应性。在不同领域的专家和同行中学习，师范生能够吸收新的知识和经验，激发自己在教育实践中的创新思维。

## 四、自我认知

### （一）自我评估与反思

自我评估与反思是师范生综合素养形成的重要环节，对于培养良好的自我认知能力具有重要意义。通过自我评估，师范生可以更好地了解自己在知识、思想、身体、心理等方面的表现，以及在教育实践中的优势和不足。这有助于师范生对自己的发展进行深入思考，找出存在的问题，并制定相应的解决方案。

反思是师范生对自身教育实践经历进行分析、评价和思考的过程。通过反思，师范生可以发现自己在教学过程中的失误，以及影响教学效果的因素。此外，反思有助于师范生理解教育理念的内涵，更好地融入教育实践，提升自身综合素养。

### （二）长期目标设定与规划

长期目标设定与规划是师范生在综合素养形成过程中，对未来发展方向和职业生涯进行思考和设计的重要环节。设定长期目标可以帮助师范生明确自己的职业追求，为自己的发展制订合理的计划和路径，从而循序渐进地提升自身的综合素养。

在目标设定过程中，师范生需要关注自己的兴趣爱好、个人能力和职业发展趋势等，确保目标的合理性和可行性。同时，师范生还应根据目标对自己的学术研究、教育实践和个人发展等进行细致的规划，明确各阶段需要完成的任务和要求。

规划的过程有助于师范生更好地认识自己，提高自我管理能力，培养自主学习和自我调整的习惯。通过有针对性的学习和实践，师范生可以逐步提升自身综合素养，为未来的教育事业奠定坚实的基础。

### （三）认识自己的优势与不足

认识自己的优势与不足是师范生综合素养自我认知的关键环节，有助于个体发挥所长，克服弱点，并在教育实践中不断进步。要全面了解自己的优势与不足，师范生可以从以下几个方面进行分析。

首先，通过参加课堂教学、教育实习等活动，师范生可以了解自己在教育教学中的表现，掌握自己在课程设计、组织能力、沟通能力等方面的优势和不足。其次，对学术研究和学科知识的掌握程度进行自我评估，明确自己在理论研究、实证分析等方面的能力水平。再次，反思自己的人际关系和沟通能力，了解自己在团队合作、处理冲突等方面的表现。最后，思考自己的心理素质和情感表达，包括面对挑战的能力、抗压能力以及同理心等。

### （四）寻求反馈与建议

在师范生综合素养的自我认知过程中，寻求他人的反馈与建议是十分重要的。他人的评价和意见可以帮助师范生从不同角度审视自己，发现自己可能忽略的问题和不足。在教学实践中，可以通过以下几种方式来寻求反馈与建议。

第一，向导师和老师请教。师范生可以向具有丰富教育经验和专业知识的导师和老师请教，了解自己在教育实践和学术研究方面的表现，获取宝贵的指导和建议。

第二，同学互评。通过与同学的交流和互评，师范生可以从同伴的角度了解自己的优势和不足，以及在团队合作中的表现。

第三，求助于社会实践。参加社会实践活动，如志愿者、实习等，师范生可以获得来自不同群体的反馈，进一步丰富自己的教育视野和人生经历。

第四，关注学生反馈。在教育实践中，师范生应关注学生的反馈，了解学生对自己的教学方法、课堂氛围等方面的看法。学生的意见可以帮助师范生更好地了解自己在教育教学过程中的表现，从而调整和优化自己的教育方法。

第五，反思自我成长过程。师范生在成长过程中可能会遇到不同的挑战和问题，通过回顾自己的经历，分析自己在面对挑战时的表现，师范生可以更加清晰地认识自己的优势与不足，从而调整自己的发展方向。

寻求反馈与建议不仅有助于师范生更全面地认识自己，而且能够促使他们主动地调整和完善自己的教育实践和学术研究，从而更好地提升自己的综合素养。这一过程需要师范生具备开放心态、敢于面对问题和勇于改进的品质，才能在不断的自我认知和反思中实现自身的成长与发展。

# 第六章
# 师范生综合素养的培养

# 第一节　思想素养的培养

## 一、培养师范生思想素养的重要意义

### （一）有助于学生形成正确的价值观

正确的价值观是人在面对社会现象和个人选择时所持有的正确态度和判断，这对于师范生在教育实践中起到至关重要的作用。通过提高师范生的思想素养，他们将更好地理解国家发展和社会进步的方向，以正确的价值观引领自己的教育实践。

具备高度思想素养的师范生能够深刻理解国家和社会的发展需求，将核心价值观融入教育教学实践。师范生通过学习政治理论、哲学、历史等相关知识，可以提升自己对国家发展和社会进步的认识，从而树立正确的价值观。这将使他们能够以身作则，为学生树立良好的榜样，使学生在日常学习和生活中自觉遵循正确的价值观。

师范生在提高思想素养的过程中，可以学会关注学生的兴趣和潜能，引导学生关注社会发展，培养学生的创新精神和实践能力。这将使他们能够在教育实践中创造出更具针对性和有效性的教学方法，从而提高教学质量。具备正确价值观的师范生将更加关注教育的公平性和包容性，为培养合格的公民和社会发展做出贡献。

### （二）有助于师范生养成积极向上的人生观

培养师范生的思想素养有助于他们养成积极向上的人生观。人生观是人们对人生价值、目的和意义的看法。对于师范生而言，积极向上的人生观是成为优秀教育工作者的基本素养。

首先，师范生在提高思想素养的过程中，可以通过学习心理学、教育学等领域的知识，了解人的成长发展规律，培养自己的教育智慧。这将使他们能够在面对教育实践中的困难和挑战时，保持乐观、积极的心态，从而提高教育教学的效果。具备积极向上的人生观的师范生将更有信心应对各种教育问题，勇于创新，不断提升自己的教育水平。

其次，师范生在提高思想素养的过程中，可以学会关注自身成长，为自己设定合理的人生目标和规划。这将有助于他们在教育事业中不断追求卓越，保持教育热忱和职业激情。积极向上的人生观将使师范生在教育实践中，始终关注教育质量和学生的全面发展，为培养具备全面素质的现代公民贡献自己的力量。

最后，具备积极向上的人生观的师范生能够关注教育实践的社会效应，积极参与教育改革和创新，推动教育事业的发展。这将使他们在教育实践中敢于质疑现有的教育方法和理念，勇于提出改进措施，为教育事业的改革和创新提供有力的支持。

### （三）有利于提高师范生自身的审美情趣

培养师范生的思想素养有助于提高他们自身的审美情趣。审美情趣是指个体在艺术、文化等方面的鉴赏能力和品位。对于师范生而言，良好的审美情趣不仅有利于丰富自己的精神世界，还能增强教育教学的吸引力和有效性。

首先，提高师范生的审美情趣能帮助他们更好地理解和欣赏艺术作品，从而拓宽自己的知识视野。在教育过程中，艺术和文化的传承与创新是不可或缺的环节，师范生通过对各类艺术作品的研究和欣赏，可以提升自己的审美素养，为教育实践注入更多的创意和活力。

其次，高度的审美情趣有助于师范生在教学过程中运用丰富多样的教学手段。他们可以将艺术、文化等元素融入课程设计，使教学内容更具趣味性和启发性，从而激发学生的学习兴趣，提高教学效果。

最后，培养师范生的审美情趣还有助于他们形成独特的教育风格。优美的审美情趣可以让师范生在教育实践中展现出独特的个性和魅力，使他们的教学更具个性化和创造力，有利于提升教育质量。

### （四）有利于师范生人文主义精神的培养

培养师范生的思想素养有助于他们人文主义精神的培养。人文主义精神是指以人为本的价值取向，强调关注个体的发展需求，尊重人的尊严和价值。对于师范生而言，具备人文主义精神是成为优秀教育工作者的基本素养。

首先，师范生在提高思想素养的过程中，可以通过学习人文学科、社会科学等领域的知识，丰富自己的人文底蕴。这将有助于他们更好地理解人类社会的发展历程和文化传承，提升自己的综合素质。同时，这些知识和理念将为师范生提供更为广阔的视角，使他们在教育实践中能够关注学生的全面发展，培养具备人文素养的现代公民。

其次，培养师范生的人文主义精神有助于他们建立平等、尊重和关爱的师生关系。师范生在提高思想素养的过程中，需要学会尊重学生的个性差异，关注学生的心理需求，倾听学生的声音。以人为本的教育理念将有助于师范生在教育实践中创造和谐、愉悦的学习氛围。

最后，具备人文主义精神的师范生能够在教育过程中关注社会、关注历史、关注民族文化，从而为学生提供更为丰富的教育资源。这将有助于师范生在教育实践中传承优秀的民族文化，培养学生的国家认同感和文化自信。

## 二、培养师范生思想素养的基本原则

### （一）主体方面的原则

1. 榜样性原则

榜样性原则是指高校教师在培养师范生思想素养过程中，自身应具备良好的思想品质和职业道德，成为师范生学习和模仿的榜样。在教育实践中，师范生通常会受到身边教师的影响，因此，高校教师的言行对师范生的成长具有举足轻重的作用。

高校教师应具备坚定的政治立场和正确的价值观，这是他们在培养师范生思想素养过程中的基本要求。教师需要通过自身的学术成果、教学能力和道德品质，展示对教育事业的热爱和执着。这种榜样作用将激发师范生对教育事业的热情，使他们在提升自身思想素养的过程中，始终保持教育信仰和教育使命感。

2. 时机性原则

时机性原则是指高校教师在培养师范生思想素养过程中，要把握好教育教学的关键时期和节点，及时发现和解决师范生在思想素养方面的问题。通过合理安排课程和活动，教师可以有效地引导师范生提升自身的思想素养，使他们更好地适应教育工作的需要。

高校教师要关注师范生在成长过程中的关键阶段，如大一新生入学、专业选择和实习实践等阶段。在这些阶段，教师要结合师范生的特点和需求，有针对性地进行思想教育。例如，在大一新生入学阶段，教师需要引导师范生树立正确的教育观念和职业发展目标；在专业选择阶段，教师要帮助师范生分析各专业的特点，使他们做出明智的选择；在实习实践阶段，教师应关注师范生的教育教学能力，及时发现问题并给予指导。

时机性原则要求高校教师密切关注师范生在学术、思想和心理等方面的变化，及时发现和解决可能出现的问题。在培养师范生思想素养的过程中，教师要敏锐地捕捉师范生的需求和困惑，针对性地进行引导和教育，帮助他们建立正确的价值观和人生观。

高校教师要充分利用各种教育资源，开展丰富多样的教育活动，以提高师范生思想素养的培养效果。这些活动可以包括专题讲座、座谈会、心理辅导、社会实践等，旨在通过多途径、多形式地引导师范生深入思考和反省，提升自身的思想境界。

### （二）客体方面的原则

#### 1. 现实性原则

现实性原则是指在培养师范生思想素养过程中，教师需要关注师范生的实际情况，从他们的需求和困惑出发，进行有针对性的教育和引导。这一原则要求教师在培养师范生思想素养时，充分了解他们的生活背景、学术特点和心理状态，以便为他们提供个性化、有效的教育方案。

一方面，教师要关注师范生的生活实际，关心他们的学习、生活和心理状况。通过与师范生的交流和互动，教师可以了解他们在思想观念、价值观念和人生观念方面的需求，为他们提供适当的教育资源和支持。

另一方面，现实性原则要求教师结合师范生的特点和需求，采用灵活多样的教育方法和手段。例如，教师可以通过专题讲座、座谈会、心理辅导、社会实践等方式，引导师范生关注现实问题，培养他们的责任感和使命感。这样的教育活动有助于师范生在思想素养方面取得实质性的提升。

#### 2. 平等性原则

平等性原则是指在培养师范生思想素养过程中，教师应尊重每一位师范生的个性和差异，为他们提供平等、公正的教育机会。这一原则要求教师在教育实践中，关注师范生的个体差异，因材施教，以便更好地满足他们在思想素养方面的需求。

一方面，教师要关注师范生的个性特点，尊重他们的价值观、兴趣爱好和学术特长。在培养师范生思想素养的过程中，教师需要针对不同师范生的特点和需求，提供个性化的教育方案和支持。这将有助于激发师范生的学习兴趣，提高他们在思想素养方面的培养效果。

另一方面，平等性原则要求教师在教育过程中，关注师范生的成长和发展，为他们提供公平、公正的评价和反馈。教师应该以客观、公正的态度对待每一位师范生，避免因个人喜好或成见而产生歧视或偏袒。在评价师范生的思想素养时，教师要充分考虑他们的个体差异和发展潜力，给予他们充分的关爱和鼓励。

3. 真实性原则

真实性原则是指在培养师范生思想素养过程中，教师要以真诚、热忱的态度对待师范生，创造一个真实、自然的教育环境。这一原则要求教师在教育实践中，摒弃虚假和矫饰，用真诚的心灵去感受师范生的需求，以真实的行动去引导他们的成长。

一方面，教师要以真诚的态度对待师范生，关注他们的内心世界，尊重他们的感受。在教育过程中，教师需要用心去了解师范生的困惑和期望，以真诚的关爱帮助他们建立自信、坚定信仰。只有真诚的教育，才能赢得师范生的信任，激发他们在思想素养方面的积极追求。

另一方面，真实性原则要求教师在培养师范生思想素养的过程中，尊重事实，坚持真理。教师要以科学的态度面对问题，避免陷入主观臆断和教条主义。在教育实践中，教师要引导师范生关注真实的社会现象，培养他们独立思考和判断的能力，以便他们在未来的教育工作中能够传递真实、客观的价值观念。

## 三、培养师范生思想素养的策略

### （一）加强理想信念教育，提高师范生思想建设的认识

理想信念是人们内心深处的信仰和追求，它关乎个体的精神世界和价值取向。对于师范生来说，加强理想信念教育是培养他们思想素养的关键环节，有助于他们树立正确的世界观、人生观和价值观，成为德才兼备的优秀教师。因此，在师范生思想素养的培养策略中，加强理想信念教育至关重要，需要采取以下措施。

强化政治理论学习。通过深入学习马克思列宁主义、毛泽东思想、邓小平理论、“三个代表”重要思想、科学发展观和习近平新时代中国特色社会主义思想，帮助师范生牢固树立共产主义远大理想和中国特色社会主义共同理想，确保他们始终与党同心同行。

提升师范生的民族自豪感和爱国主义情怀。通过学习中华民族的优秀文化传统、伟大历史、光辉成就等，让师范生更加自豪地认同自己的民族和国家。同时，引导他们珍爱和平、崇尚英雄，敢于为民族复兴和国家繁荣贡献自己的力量，培养他们具备强烈的爱国主义精神。

注重实践锻炼，培养师范生的道德品质。通过组织志愿者服务、社会实践、支教活动等形式，让师范生亲身参与社会公益事业，培养他们的社会责任感和道德品质。在实践中，师范生可以更加深刻地理解社会现象，形成正确的价值判断，进一步坚定自己的理想信念。

打造良好的校园文化氛围。学校应营造一个积极向上、充满正能量的校园文化氛围，让师范生在这样的环境中感受到理想信念教育的力量。同时，学校应通过多种形式，传播正能量，引导师范生树立正确的价值观，激发他们的理想信念。

注重家庭、学校、社会三位一体的教育。理想信念教育不仅是学校的责任，家庭和社会也应共同参与。学校应加强与家庭、社会的沟通与合作，形成家庭教育、学校教育和社会教育相互促进、相互支持的良好

格局，共同推动师范生理想信念教育的深入开展。

### （二）优化师范生思想建设内容和形式

#### 1. 加强理论学习，与开展特色主题教育相结合

加强理论学习是培养师范生思想素养的关键途径。将理论学习与特色主题教育相结合，具体措施如下。

（1）开展形式多样的主题教育活动。学校组织师范生参加红色教育、党史学习、党建知识竞赛等形式多样的主题教育活动，让他们在学习、实践、交流中进一步坚定理想信念。同时，通过这些活动，师范生可以增进对党的事业和人民的福祉的责任感和使命感。

（2）开展党建实践活动。学校组织师范生参与党建实践活动，如志愿服务、社会调查、实践教学等，让他们将理论学习应用于实际工作中，增强自己的实践能力。通过党建实践活动，师范生可以更加深刻地体会到马克思主义理论的真理性和实践性，进一步增强自己的思想素养。

（3）强化师范生的党性教育。在开展特色主题教育的同时，学校应加强师范生的党性教育，引导他们坚持正确的政治方向，不忘初心，牢记使命，加强党性锻炼，维护党的团结统一。通过党性教育，帮助师范生形成坚定的共产主义信仰，增强为党的事业和人民的福祉而奋斗的决心。

（4）加强师范生思想教育工作的组织领导。学校应高度重视师范生思想教育工作，明确工作责任，强化组织领导。各级领导要带头参与师范生思想教育工作，切实把特色主题教育与培养师范生思想素养紧密结合起来，为培养具有高度政治觉悟和坚定理想信念的师范生而努力奋斗。

#### 2. 搭建师范生思想建设网络工作平台

随着网络技术的飞速发展，网络逐渐成为人们学习和生活的重要载体。为了更好地培养师范生的思想素养，可以利用现代信息技术，搭建

师范生思想建设网络工作平台，为师范生提供一个学习、交流和自我提升的平台。在实践教学中，可以通过以下措施来搭建师范生思想建设网络工作平台。

首先，设立师范生专属的网络学习空间。学校可以为师范生搭建一个具有学术性、权威性和针对性的网络学习平台，提供丰富的学习资源、学术研究和思想教育等内容，帮助师范生系统地学习马克思主义理论体系，提高思想素养。

其次，利用网络平台开展线上教育活动。通过举办线上讲座、座谈会、辩论赛等形式，组织师范生参与到思想教育的实践中来，进一步提高他们的思想认识水平，激发其对马克思主义理论的学习兴趣。

最后，利用网络平台搭建师范生思想交流互动平台。鼓励师范生在网络平台上发表观点、交流心得，形成一个充满正能量、积极向上的学术氛围。通过这种交流互动，师范生可以相互启发，不断提高自己的思想认识和理论水平。

### （三）以环境为依托，构建师范生思想建设长效机制

建立健全师范生思想建设长效机制，有利于加强师范生思想建设工作，提高师范生思想素养。在这个过程中，学校要充分发挥党组织的领导作用，广泛动员师生积极参与，形成全校上下共同关心、共同参与的良好局面。通过全方位、多层次、立体化的教育，确保师范生思想素养的全面提升，为我国教育事业培养出一批政治坚定、业务精湛的优秀人才。

#### 1. 建立健全师范生思想建设领导机制

（1）明确领导责任。各级领导应高度重视师范生思想建设工作，明确领导职责，切实加强组织领导。领导要关心、支持和参与师范生思想教育工作，确保各项政策和措施落实到位。

（2）建立健全领导小组。学校应成立师范生思想建设领导小组，由

学校党委书记或校长担任组长，党委宣传部、学生工作部门、教务部门等相关部门负责人担任成员，统筹协调师范生思想建设工作。

（3）制定实施方案。领导小组应根据学校发展规划和教育教学改革要求，结合师范生实际，制定具有针对性和可操作性的师范生思想建设实施方案，确保各项措施有序推进。

（4）加强督查评估。领导小组要定期组织对师范生思想建设工作进行督查评估，查找问题、分析原因、提出改进措施，确保师范生思想建设工作取得实效。

2. 建立健全师范生思想建设宣传机制

（1）完善宣传平台。学校应充分利用校园网、微信公众号、微博、校报等多种宣传渠道，及时发布师范生思想建设相关信息，为师范生提供学习、交流、实践的平台。

（2）创新宣传方式。学校可通过举办讲座、座谈会、辩论赛、主题展览等形式丰富的活动，激发师范生对思想建设的兴趣，引导他们积极参与到宣传工作中。

（3）强化宣传教育。学校要加强对师范生思想建设宣传教育的力度，让他们充分了解党的理论、路线、方针和政策，增强理论武装意识。同时，学校要注重培养师范生自觉宣传的意识，提高宣传工作的效果。

（4）加强舆论引导。学校要充分发挥舆论引导作用，传播正能量，积极塑造良好的校园舆论氛围。针对师范生思想建设中的热点问题和困惑，及时进行解读和引导，帮助他们树立正确的世界观和价值观。

（5）深化成果展示。学校要定期组织师范生思想建设成果展示活动，展现师范生在思想建设方面取得的优秀成果。通过成果展示，激发师范生的学习热情，增强他们在思想建设工作中的自信心和自豪感。

# 第二节　知识素养的培养

## 一、培养师范生知识素养的重要意义

### （一）为师范生提供共同的教育原则

培养师范生知识素养的重要性在于为他们提供共同的教育原则。这些原则是教育工作者必须遵循的基本法则和行为准则，是在教育实践中形成的，具有广泛的适用性和指导价值。共同的教育原则能够引导师范生在教育实践中做出正确的判断和决策，确保教育质量和效果。

共同的教育原则有助于师范生树立正确的教育观念。教育观念是指导教育实践的基本理念和价值观，它是教育工作者在教育过程中所坚持的教育目标、原则和方法。通过培养师范生的知识素养，可以使他们对教育的本质、功能和目标有更深刻的理解，形成正确的教育观念，为未来从教生涯奠定坚实的基础。

共同的教育原则有助于师范生形成严谨的教育态度。教育态度是教育工作者在教育实践中所持有的心态和情感，它直接影响教育工作者的教育行为和效果。通过培养师范生的知识素养，使他们能够遵循共同的教育原则，形成严谨认真的教育态度，从而提高教育质量。

共同的教育原则有助于师范生掌握科学的教育方法。教育方法是教育工作者在教育实践中运用的具体技巧和策略，它是实现教育目标的有效手段。通过培养师范生的知识素养，使他们能够在共同的教育原则指导下，掌握多样化、个性化的教育方法，满足不同学生的需求，提高教育效果。

### （二）推动师范生成为专业人员

推动师范生成为专业人员是培养师范生知识素养的另一重要意义。在教育领域，专业人员是指具备丰富教育知识、熟练教育技能以及良好教育态度的教育工作者。师范生作为未来教育事业的主力军，必须通过知识素养的培养，提升自身的教育专业素养，以适应社会发展需要和教育改革的挑战。

首先，培养师范生知识素养有助于他们掌握教育学、心理学等基础理论。教育学和心理学等基础理论是教育工作者在教育实践中所必须遵循的规律，为教育工作者提供了科学的理论支撑。通过学习这些基础理论，师范生可以形成对教育规律的认识，为实践中的具体教育问题提供指导和解决方案。

其次，培养师范生知识素养有助于他们熟练掌握各门学科的知识。作为教育专业人员，师范生需要具备扎实的学科知识，这是他们在教学过程中最基本的素养。通过学习各门学科知识，师范生可以不断完善自身的知识结构，提升教学能力和水平。

最后，培养师范生知识素养有助于他们掌握先进的教育技术与教育方法。随着科技的发展和教育改革的深入，教育技术和方法也在不断更新和演进。师范生需要紧跟时代发展，掌握最新的教育技术和方法，从而在教育实践中发挥更大的作用。

### （三）有助于师范生教育智慧的形成

培养师范生知识素养对于他们教育智慧的形成具有重要意义。通过知识素养的培养，师范生能够在教育实践中展现出更高的教育判断力、创新能力、沟通能力、领导力和自省能力，从而有效促进学生的全面发展，推动教育事业的进步。

培养师范生知识素养有助于提升他们的教育判断力。教育判断力是指教育工作者在面对教育问题时，能够运用教育知识和经验进行分析、评估和选择的能力。通过知识素养的培养，师范生能够在理论和实践的基础上，形成独立的教育思考，为教育决策提供有力的支撑。

培养师范生知识素养有助于增强他们的教育创新能力。教育创新能力是指教育工作者根据教育现状和未来发展趋势，运用教育知识和技能，开发新的教育理念、方法和技术的能力。通过知识素养的培养，师范生能够敏锐捕捉教育领域的新动态，为教育改革和发展贡献新的思路和方案。

培养师范生知识素养有助于提高他们的教育沟通能力。教育沟通能力是指教育工作者在教育实践中与学生、家长、同事等建立良好关系，实现有效信息传递和情感交流的能力。通过知识素养的培养，师范生能够更好地理解他人的需求和期望，为教育工作创造良好的氛围。

培养师范生知识素养有助于增强他们的教育领导力。教育领导力是指教育工作者在教育组织和团队中，发挥引领作用，协调资源，推动教育事业发展的能力。具备知识素养的师范生能够运用自身的教育理念、方法和技能，影响和激励他人，共同为教育事业的发展做出贡献。通过知识素养的培养，师范生能够在教育团队中承担更多责任，为组织带来更大的价值。

培养师范生知识素养有助于提升他们的教育自省能力。教育自省能力是指教育工作者在教育实践中，能够对自身的教育行为、观念和态度进行反思、评价和调整的能力。通过知识素养的培养，师范生能够时刻审视自己的教育行为，及时发现并纠正问题，从而实现自我成长和提升。

## 二、培养师范生知识素养的具体策略

### （一）秉持诲人不倦、善思笃行、终身学习理念

培养师范生知识素养的关键在于秉持诲人不倦、善思笃行、终身学

习的理念。这一理念包含了师范生在教育实践中的教育态度、思考方式和学习习惯，是引导师范生不断提升自身知识素养的核心指导原则。

1. 诲人不倦

诲人不倦是指教育工作者对教育事业的热情和投入，以及对学生的关爱和耐心。在培养师范生知识素养的过程中，应当注重培养他们的教育热情，使其能够在教育实践中全身心地投入，关心每一个学生的成长和发展。师范生应该时刻保持对教育事业的热爱，不断提升自身的教育能力，为学生提供更高质量的教育服务。

2. 善思笃行

善思笃行是指教育工作者具备独立思考、分析问题、解决问题的能力，并将理论付诸实践，实现教育目标。培养师范生知识素养，需要引导他们善于思考，敢于质疑，不断丰富自己的教育知识体系。同时，师范生还需要学会将所学知识应用于实际教育场景，从而提高教育效果。在培养师范生知识素养的过程中，教育者应该鼓励师范生勇于尝试、敢于创新，培养其实践能力和创新精神。

3. 终身学习

终身学习是指教育工作者在整个职业生涯中，始终保持学习的态度和习惯，不断提升自身的知识水平和专业素养。在培养师范生知识素养的过程中，应强调终身学习的重要性，帮助师范生树立持续学习的意识。教育者应该引导师范生主动寻求知识，充分利用各种学习资源，提升自身的知识素养。

**（二）调整课程设置，注重通识课程的建设**

通识课程旨在拓宽师范生的知识面，增强其综合素质，为他们在未来的教育实践中提供更广泛的视野和更丰富的资源。只有具备丰富的知识背景和扎实的学术素养的师范生，才能更好地完成知识传授的重要任务，成为优秀的教育工作者。

1. 注重通识课程在课程体系中的地位

注重通识课程的建设，首先需要确保这类课程在整个课程体系中占有一定的地位。教育者和学校应当将通识课程作为培养师范生知识素养的重要组成部分，为其提供足够的时间、空间和资源。与此同时，还应鼓励师范生积极参与通识课程的学习，培养他们对跨学科知识的兴趣和探求精神。

2. 丰富通识课程的内容和形式

通识课程应当涵盖多种学科领域，包括但不限于文学、历史、哲学、艺术、社会科学、自然科学等。这样的课程设置有助于师范生全面了解人类文明的发展和世界各地的文化传统，从而拓展其教育视野和素养。在课程形式上，教育者可以采用讲座、讨论、实践活动、在线课程等多种方式，以激发师范生的学习兴趣和参与热情。

3. 注重通识课程与专业课程的融合

为了让通识课程更好地服务于师范生的专业发展，教育者应关注这类课程与专业课程之间的融合。具体而言，可以在通识课程中引入与教育相关的主题和案例，使师范生能够在跨学科学习的过程中，发现教育问题的多元性和复杂性。此外，还可以组织跨学科的教育研讨活动，让师范生在多领域的知识碰撞中，激发创新思维和教育实践能力。

4. 培养师范生的批判性思维和跨学科能力

在通识课程的建设中，教育者应重视培养师范生的批判性思维和跨学科能力。批判性思维有助于师范生在面对复杂的教育问题时，能够进行深入分析和独立判断。为此，教育者可以在通识课程中设置讨论、辩论等环节，引导师范生运用多元视角和方法去思考问题。同时，教育者还应关注师范生的跨学科能力培养，鼓励他们在不同学科领域中寻求联系和融合，以提高其教育实践的针对性和有效性。

5. 建立评价与激励机制

为了保证通识课程的质量和效果，教育者和学校需要建立一套评价与激励机制。首先，要建立科学、合理的通识课程评价体系，以评估师范生在这类课程中的学习成果和素养提升。其次，要设立奖学金、荣誉证书等激励措施，鼓励师范生在通识课程的学习中取得优异表现。最后，还应关注通识课程的教学质量，为教育者提供培训和支持，促使他们不断更新教学理念和方法。

**（三）扩大知识体系容量**

扩大知识体系容量是指拓宽师范生的知识面，强化知识的深度，增加知识的多元性，以促进他们的知识整合与创新。这一策略不仅能够提升师范生的知识水平，也有助于他们在面对复杂的教育环境和问题时，具备更多的选择和应对策略，更好地应对未来教育工作中的各种挑战。

1. 拓宽知识面，促进跨学科学习

拓宽知识面，需要重视跨学科学习的重要性。教育者和学校应鼓励师范生探索不同的学科领域，包括艺术、科学、历史、文学、哲学等，以拓展他们的知识视野和理解深度。此外，还可以通过开设通识课程、组织跨学科学习项目等方式，提供更多的跨学科学习机会。

2. 强化知识深度，提高专业素养

扩大知识体系容量，需要强化知识深度，提高师范生的专业知识素养。教育者和学校应确保师范生在自己的专业领域中有深入的学习和研究，以提升他们在该领域的专业能力和教学水平。同时，教育者还应关注师范生的研究能力和批判性思维的培养，鼓励他们在专业学习中提出自己的见解和疑问，以提高其学术素养。

3. 增加知识多元性，培养全球视野

在全球化的今天，师范生的教育视野不能仅限于本地或本国，而需要具备全球视野。因此，教育者和学校应注重培养师范生的跨文化交际能力，增加他们的知识多元性。具体而言，可以引入国际教育资源，开设与全球问题相关的课程，组织国际交流活动，使师范生能够在全球范围内认识和理解教育。

4. 促进知识整合与创新，培养创新能力

在扩大知识体系容量的过程中，培养师范生的创新能力至关重要。教育者和学校应鼓励师范生整合所学的跨学科知识，挖掘其中的联系和规律，从而在教育实践中实现创新。为此，可以设置具有挑战性和创新性的课程项目，引导师范生运用所学知识解决实际问题。同时，还可以组织学术研讨会、创新大赛等活动，激发师范生的创新思维和实践精神。

5. 养成持续学习的习惯

在知识更新速度日益加快的时代，师范生应具备持续学习的能力和习惯。教育者和学校应引导师范生树立终身学习的理念，为他们提供丰富的学习资源和途径，帮助他们形成持续学习的习惯。此外，还可以借助网络技术和社交媒体，搭建学习共享平台，使师范生能够在互动与交流中，不断拓展自身的知识体系容量。

6. 提高师范生的自主学习能力

为了扩大知识体系容量，师范生需要具备较强的自主学习能力。教育者应引导师范生学会制订合理的学习计划，培养他们的学习兴趣和动力。同时，教育者应教授有效的学习方法和技巧，提高师范生的学习效率。通过这些措施，师范生能够在自主学习的过程中，不断丰富和拓展自己的知识体系。

# 第三节　能力素养的培养

## 一、培养师范生能力素养的重要意义

### （一）培养适应时代发展需求的教师

随着科技的快速发展和社会的不断变革，教育领域面临着前所未有的挑战。作为未来教育的主力军，师范生需要具备强烈的教育责任感、创新精神以及敏锐的时代观察能力。培养师范生能力素养，有助于培养出适应时代发展需求的教师，为社会培养更多优秀的人才。具体来说，可以从以下几个方面来培养师范生的能力素养。

1. 组织管理能力

具备组织管理能力的教师，能够更好地管理课堂秩序、组织活动，提高教学效率。此外，这种能力还有助于教师在团队合作中发挥更大的作用，有利于整个教育团队的稳定和协同发展。

2. 教育信息处理能力

教育信息处理能力是教师快速获取、分析、整合信息的能力，这种能力在现代教育背景下显得尤为重要。随着互联网、大数据等科技的发展，教育信息化已成为必然趋势。具备这一能力的教师可以利用各种教育资源为学生提供更多元、个性化的教学内容，满足不同学生的需求，提高教育质量。

3. 自学创新能力

自学创新能力对教师的职业发展具有重要意义。教育工作者需要具备不断学习、更新知识的能力，以适应教育的发展和变化。具备自学创新能力的教师可以在教育实践中发现问题，探索新的教育方法和策略，提高教学质量和效果。

4. 思考能力

思考能力是教师在教育过程中发挥创造力、解决问题的关键。具备较强思考能力的教师能够对教育现象进行深入的思考，提出针对性的解决方案，从而推动教育改革和发展。

### （二）激发师范生的教育热情与潜力

培养师范生能力素养，可以提高师范生的教育热情和潜力。这是因为，当师范生具备了相关的能力素养，他们能更好地应对教育工作中的各种挑战，从而更加自信和热爱自己的职业。同时，具备一定能力素养的师范生在教育实践中能够更好地发挥自己的潜力，不断提高教育质量，使教育事业蓬勃发展。

激发师范生的教育热情，首先体现在教育投入上。师范生在具备了相关能力素养后，会更加积极投入到教育工作中，关心学生的成长，关注学生的需求，尽力提供优质的教育服务。这种热情会感染到学生，激发学生的学习兴趣，从而提高教育质量。

激发师范生的潜力，有利于培养更多优秀的教育人才。具备一定能力素养的师范生，在教育实践中会不断挖掘自己的潜力，努力提高自己的教育水平。这种潜力的发挥，将有助于教育事业的持续发展。

激发师范生的潜力还有助于推动教育创新。师范生在具备了相关能力素养后，会更加敢于尝试新的教育方法和理念，勇于实践创新，为教育事业的发展注入新的活力。这种创新精神对于适应时代发展需求的教育事业具有重要的推动作用。

### （三）优化教育资源配置与教育环境

培养师范生能力素养，对优化教育资源配置与教育环境具有积极意义。教育资源配置和教育环境的优化，不仅能够提高教育质量，还能促进师生的全面发展。具备一定能力素养的师范生能够更好地利用和整合教育资源，创造更优质的教育环境，从而为学生提供更有利于成长的条件。

1. 优化教育资源配置

具备教育信息处理能力的师范生能够快速获取、分析和整合教育资源，有效地将各种教育资源整合到教学过程中。这不仅有助于提高教学质量，还能使教育资源得到更充分的利用。同时，具备组织管理能力的师范生可以高效地调动和利用各类教育资源，提升教育资源配置的合理性，为学生提供更加丰富多样的学习机会。

2. 创造良好的教育环境

具备自学创新能力和思考能力的师范生能够在教育实践中不断尝试新的教学方法和策略，创造出适应学生发展需求的教育环境。这种环境既能激发学生的学习兴趣，也有利于培养学生的创新精神和实践能力。此外，具备组织管理能力的师范生可以通过有序的课堂管理、合理的活动组织等方式，为学生提供一个和谐、积极的学习氛围。

优化教育环境还有助于促进师生之间的互动和交流。师范生在具备一定能力素养后，可以更好地与学生沟通，关注学生的需求，引导学生自主探索，激发学生的主动学习欲望。同时，师范生也能够与同事、家长等教育相关方积极沟通，形成良好的教育合作关系，为学生的成长提供更多支持。

优化教育资源配置与教育环境还有助于减轻学生的学业负担。具备一定能力素养的师范生能够更好地关注学生的身心健康，合理安排课程和教学进度，防止过度竞争和过重负担。这样的教育环境有利于培养学生的健康心态，提高学生的综合素质，使他们在轻松愉快的氛围中学习和成长。

## 二、培养师范生能力素养的具体策略

### （一）压缩课程学分

从目前情况来看，我国本科师范生四年的课程大致为 150 ～ 160 学分。在大部分学校的师范生课程中，不算非正式课程的实践研习 40 学时，正式课程总时数可高达 2800 学时。即使按四年八个学期平均计算，每个学期也达到 350 学时。如果考虑到大学四年级以见习实习和撰写毕业论文为主，一至三年级的学时数将只增不减。如此大量的学分要求，无论是对于学生还是教师均构成了极大的课程压力，更压缩了师范生自主学习的时间和可能。针对这种现象，为了减轻学生和教师的课程压力，可以通过压缩课程学分的方式，为师范生自主学习创造更多的时间和空间。以下是一些建议性的策略。

1. 调整学分分配

为确保师范生在大学四年级以见习实习和撰写毕业论文为主，可以适当调整学分的分配，降低一至三年级的课程学分要求，这将有助于师范生在前三年集中精力打好基础，为四年级的实践环节做好准备。具体来说，学校可以将一些课程的学分分布重新规划，以使学分分配更加合理，如降低专业核心课程的学分要求，同时增加实践课程和选修课程的学分权重。这样一来，师范生在前三年可以更加专注于基础知识的学习，为以后的实践环节打下坚实的基础。

另外，学校还可以根据师范生的专业方向和兴趣，提供更加灵活的学分选择机制。这可以让师范生根据自己的需求和发展目标，有针对性地安排课程，从而更好地为未来的教育事业做好准备。

2. 推广课程互选与学分转换

鼓励学校之间开展课程互选与学分转换，使师范生能够更灵活地安排课程，避免重复学习。这将有助于减轻师范生的课程压力，为他们腾出更多的时间进行自主学习和实践。为实现这一目标，教育部门和高校可以制定相应的政策和规定，建立课程互选与学分转换的制度框架。

在具体操作中，高校之间可以建立合作关系，互相承认彼此的课程学分，为师范生提供更多的学习选择。学生在完成其他学校的课程后，可以将所获得的学分转换为本校学分，从而减轻自己的课程负担。此外，学校还可以与国际高校建立合作关系，推广国际课程互选与学分转换，为师范生提供更广阔的发展空间。

推广课程互选与学分转换还有助于培养师范生的跨学科知识。师范生可以选择不同学校的课程，接触到更多的学术领域和教育理念，从而拓宽视野，提高综合素质。这不仅有助于课程互选与学分转换的推广，还能提高师范生的自主学习能力。在这一制度下，师范生需要自己规划课程，根据个人兴趣和发展需求做出选择。这有助于培养师范生的自主学习意识，同时激发他们的学习动力。在这个过程中，师范生将更加关注自己的专业发展，积极参与课程学习，提高个人素质。

课程互选与学分转换还有助于培养师范生的创新能力和团队协作精神。在这一制度下，师范生可以跳出自己的专业领域，接触到其他学科的知识体系。这将有助于他们发现新的教育方法和思维模式，从而提高创新能力。同时，师范生在跨学科课程中还需要与来自不同背景的同学合作，这将锻炼他们的团队协作精神，为今后的从教工作打下良好的基础。

**（二）明确界定师范专业教师**

明确界定师范专业教师的概念对于师范教育的发展具有重要意义。在师范教育实践中，应该将师范专业教师视为一个整体，不仅包括狭义上的公共教育学、公共心理学和学科教学法教师，还包括广义上的大类教育和专业教育课程教师。这样的界定能够更好地体现师范教育的多样性和包容性，为师范生的能力素养培养提供一个更广泛的平台。

实际上，师范专业教育是一个整体，它以学科教育为基础，以专业课程培养方案为载体，以职业教育为目标。因此，不管是学科教学法教师，还是大类教育教师，或是专业教育课程教师，都应该是师范专业课程的共同实施者。也只有各类教师通力合作，才能共同完成各类课程教学，才能全面培养师范生的能力素养，进而实现师范专业的人才培养目标。

### （三）精练专业课程

通常情况下，师范专业的课程体系主要基于某一学科知识体系进行构建，以传授专业知识和理论为主的学术性课程构成课程体系的核心。近年来，许多高校对师范专业课程结构进行改革，通过设立大类课程和专业课程，旨在帮助学生打好专业基础的同时，突出专业教育的深度。然而，当大类课程和专业课程过分关注培养师范生的知识能力，并占据课程体系中半数以上的比例时，需要认真思考：教师的专业性是否仅体现在学科知识的掌握上，还是更应体现在具备教书育人的能力方面。

从这个角度来看，适度精练大类课程和专业课程不仅能反映高校对教师职业特点和师范生培养重点的理解程度，还能为提升师范生能力素养腾出有限的课程空间。通过精练专业课程，可以更加关注培养师范生的实际教育技能和教育心理素质，从而使他们更好地适应教育工作的需求，成为真正具备教书育人能力的专业教育工作者。

### （四）加强学校统筹，实现资源共享

当前，高校各院系负责各自师范专业的教育实习，一些院系因为只有一两个师范生班级，实习模式较为单一，专业带队教师数量不足，导致教育实习效果有待增强。在综合类高校的师范专业，这种情况更为普

遍。因此，通过加强学校统筹，整合实习基地资源，建立健全教育实习体系，统一教育实习组织规范和过程管理，提高师范生实习的实际成效显得尤为重要。

加强学校统筹，提高师范生实习质量。通过整合各院系的实习资源，学校可以为师范生提供更丰富、更优质的实习基地。同时，这种统筹能够推动各院系之间的交流与合作，鼓励共享优质实习资源，帮助师范生拓宽实习视野，提升实习水平。

加强学校统筹，提高实习效率。在统筹的过程中，学校可以对实习基地进行评估和筛选，确保师范生能够在具有一定教育水平和教学环境的实习基地进行实习。此外，通过统一的组织规范和过程管理，学校可以确保实习过程的顺利进行，提高实习效率。

加强学校统筹，降低实习成本。通过整合实习资源，学校可以避免重复投入，降低实习成本。此外，实现资源共享还可以减轻各院系的实习组织负担，使教师能够更专注于教学工作，提高教学质量。

加强学校统筹，培养师范生的团队协作能力。在实习过程中，来自不同院系的师范生需要相互协作，共同完成实习任务。这种团队协作能够提高师范生的沟通、协调和组织能力，为他们今后从事教育工作打下良好的基础。

# 第四节　身心素养的培养

## 一、培养师范生身心素养的重要意义

### （一）培养师范生身心素养是素质教育的重要内容

当今社会，随着经济的快速发展和科技的不断进步，素质教育逐渐成为教育领域的核心内容。素质教育旨在培养学生全面发展的能力，提高他们的综合素质，使之成为具备创新精神和实践能力的有用之才。在师范教育中，培养师范生的身心素养是素质教育的重要组成部分，具有十分重要的意义。

培养师范生身心素养有助于提高师范生的心理素质。心理素质是个体在面对压力和挑战时，保持心理健康和稳定的能力。对于师范生来说，他们面临着诸多挑战，如学业压力、人际关系、就业竞争等。通过培养师范生的心理素质，帮助他们树立正确的人生观和价值观，学会积极面对挑战和压力，增强自我调节能力，从而为师范生的个人成长和未来发展奠定坚实的基础。

培养师范生身心素养有助于提高师范生的身体素质。身体素质是指个体的生理功能、体能和健康水平。在大学阶段，师范生的生活节奏加快，课业压力增大，容易导致忽视身体健康。因此，通过开展体育锻炼、健康教育等活动，可以培养师范生养成良好的生活习惯和锻炼习惯，提高他们的身体素质，有助于保持师范生的身心健康，使他们能够更好地应对学习和生活中的挑战。

### （二）培养师范生身心素养是构建和谐社会的需要

在当今社会，师范生作为大学生的一部分，他们是国家未来发展的重要力量，他们的素质与心态直接关系到国家的繁荣与稳定。因此，培养师范生的身心素养不仅是为了提高他们的个人素质，还是构建和谐社会的现实需求。

首先，培养师范生的身心素养有助于培养具有社会责任感的公民。师范生在学习和生活中，通过身心素养的培养，可以更加明确自己的社会角色和责任。他们能够积极参与到社会公益事业和志愿服务活动中，为社会的和谐稳定做出贡献。具有良好身心素养的师范生在未来的职业生涯中，将更加注重企业社会责任，关心社会公益，为构建和谐社会贡献力量。

其次，培养师范生的身心素养有助于促进人际关系的和谐。身心素养的培养使师范生具备良好的沟通能力、同理心和团队精神。这些能力使他们在人际交往中更加从容，能够更好地理解和尊重他人，处理好人际关系。在现代社会中，人际关系的和谐对于社会稳定和谐具有重要意义。

最后，培养师范生的身心素养有助于形成健康的生活方式和价值观。通过身心素养的培养，师范生能够养成健康的生活习惯，关注身体健康和心理健康。同时，他们能够树立正确的价值观，关注精神文明建设，追求内心的丰富和成长。这些健康的生活方式和价值观将影响整个社会，推动社会形成积极向上、健康向善的氛围。

### （三）培养师范生身心素养是培训高素质师资队伍的重要保障

师范生作为未来教育工作者，将肩负起培养下一代的重任。他们的身心素养直接影响到教育质量和学生的发展。因此，培养师范生的身心素养是培训高素质师资队伍的重要保障。

首先，培养师范生的身心素养有助于提高教育教学能力。具备良好身心素养的师范生在教育教学过程中，更能够关注学生的个体差异，善于运用多元化的教学方法，培养学生的创新精神和实践能力。同时，具备良好心理素质的师范生能够更好地应对教育教学中的挑战和压力，保持积极的教育态度和热情，从而提高教育教学质量。

其次，培养师范生的身心素养有助于塑造良好的师德。师德是教师职业道德的核心，关系到教育事业的长远发展。通过培养师范生的道德素质，引导他们树立正确的教育观和价值观，培养责任感、爱心和奉献精神。具备良好师德的教师能够为学生树立榜样，影响学生的道德观念和行为，为培养德智体美劳全面发展的人才提供有力的保障。

最后，培养师范生的身心素养有助于促进学生心理健康。教师在学校扮演着关键角色，他们的言行对学生产生深远影响。具备良好身心素养的师范生能够更加关注学生的心理健康，及时发现和解决学生心理问题。同时，他们能够运用心理学知识，引导学生树立正确的人生观和价值观，帮助学生顺利解决成长期的心理困扰。

## 二、培养师范生身心素养的基本原则

### （一）预防、发展重于矫治的原则

培养师范生身心素养时，应当遵循预防、发展重于矫治的原则，注重在培训初期就培养良好的身心素养，以减少后期矫治的需求。这一原则旨在提倡从师范生教育的早期阶段就关注身心素养的培养，注重发挥师范生的潜能，防止身心素养问题的产生。

预防重于矫治。在师范生教育过程中，重视预防工作能够在问题出现前进行干预，降低潜在风险。学校和教师应关注师范生的心理健康，提前开展心理健康教育和心理辅导，帮助他们建立健康的心理素质。此外，注重师范生道德教育，引导他们树立正确的价值观和职业观，有利于预防师德问题的发生。

发展重于矫治。发展是指充分挖掘和发挥师范生的潜能，使他们在教育实践中不断成长。教育部门和学校应提供丰富多样的课程和实践机会，促使师范生全面提升自身素质，包括专业知识、教育教学能力、心理素质、道德素质等。通过全面的教育培训，使师范生具备更强的应对教育挑战的能力，从而降低矫治的需求。

**（二）活动性原则**

在培养师范生身心素养的过程中，活动性原则是非常关键的。它强调通过参与各类实践活动，使师范生在亲身体验和实践中学习和成长，从而提高身心素养。这样的学习方式更符合人的认知规律，可以更好地激发师范生的学习兴趣和动力，提高培养效果。

活动性原则强调"学中做，做中学"。在教育教学活动中，师范生可以亲自尝试各种教学方法和技巧，体验教师的角色，深入理解教育教学过程。这样，他们不仅可以提高专业素养，还可以在实践中提升自己的心理素质和团队合作能力。

活动性原则强调情境学习和体验学习。通过设定各种情境，让师范生在仿真的环境中进行实践，可以使他们更好地理解和掌握理论知识，同时也可以提升他们的问题解决能力和应对压力的能力。在体验学习中，师范生通过亲身参与，感受和理解教育的本质和目标，有助于他们形成正确的教育观念和价值观。

活动性原则强调团队合作和互动学习。通过小组讨论、合作学习等方式，师范生可以在互助合作中提高自己的交往能力和团队协作能力，同时也能够学习到他人的优点，丰富自己的教育理念和方法。

实施活动性原则，需要教育部门和学校提供丰富多样的实践平台和机会，搭建良好的学习环境。同时，教师也应鼓励和引导师范生积极参与各种活动，发现和解决问题，积累经验，提升素养。

### （三）保密性原则

在培养师范生身心素养的过程中，保密性原则也具有重要意义。该原则强调在开展身心素养培训和心理辅导时，要充分尊重师范生的隐私权，保护他们的个人信息和心理问题不被泄露。这有助于营造一个安全、舒适的学习环境，使师范生更愿意积极参与培训和辅导，从而提高培养效果。

保密性原则体现了对师范生人格尊重的价值观。每个人都有自己的隐私，包括心理问题和困扰。在进行身心素养培训和心理辅导时，尊重师范生的隐私权是教育者应遵循的基本原则。通过保护师范生的隐私，可以培养他们的自尊心和自信心，促进他们在心理健康方面取得积极的成果。

保密性原则有助于提高培训和辅导的效果。当师范生确信自己的隐私得到保护时，他们会更愿意敞开心扉，与教育者分享自己的心理困扰和问题。这样，教育者可以更加深入地了解师范生的需求，制订更为合适的培训计划，并进行合理、有效的心理干预，从而提高培训和辅导的有效性。

保密性原则有助于维护师范生之间的良好关系。在进行身心素养培训和心理辅导时，遵循保密性原则可以避免师范生因隐私泄露而产生的矛盾和不信任。这有利于营造一个团结友爱的学习氛围，为师范生提供一个互助、共同成长的平台。

实施保密性原则，需要教育部门和学校在制订培训计划时充分考虑保密性问题，确保师范生的隐私得到妥善保护。同时，教育者也应具备职业道德和责任感，遵循保密性原则，不泄露师范生的个人信息和心理问题。

## 三、培养师范生身心素养的具体策略

### （一）加强体育锻炼

1. 提高体育锻炼的重视程度

加强体育锻炼是提高师范生身心素养的关键策略之一。学校应当高度重视体育锻炼，将其纳入教育教学的重要内容。通过体育课程和体育活动，传授正确的运动技巧和锻炼方法，提高师范生的运动能力和体质。

2. 丰富体育活动形式

学校应当提供丰富多样的体育活动，满足师范生不同的兴趣和需求。通过举办各类体育竞赛、运动会等活动，激发师范生参与体育锻炼的积极性，培养他们的团队合作精神和竞争意识。

3. 培养自主锻炼意识

师范生应养成自主锻炼的习惯，主动参加体育锻炼，提高自身的体能和心理素质。学校可以通过开展体育俱乐部、运动团队等形式，引导师范生自发组织和参与体育锻炼。

4. 加强体育锻炼与心理健康的结合

体育锻炼不仅有助于提高师范生的身体素质，还可以促进心理健康。学校应将体育锻炼与心理健康教育相结合，帮助师范生在运动中释放压力，缓解心理困扰。为了更好地实现体育锻炼与心理健康的结合，学校可以采取以下措施。

首先，融入心理健康教育理念。在体育课程中，教师应引导师范生认识到体育锻炼对心理健康的重要作用，让他们在锻炼身体的同时，培养良好的心态。教师还可通过分享成功的运动员故事、介绍运动心理学知识等方式，帮助师范生了解运动对心理健康的积极影响。

其次，开展户外运动和拓展活动。户外运动和拓展活动有助于师范生亲近大自然，释放压力。学校可组织徒步、登山、野外定向等活动，让师范生在运动中感受大自然的美好，调节心情，提升心理素质。

最后，设立心理辅导环节。在体育活动中，学校可以设置心理辅导环节，如在比赛前后为参赛者提供心理辅导，帮助他们应对比赛压力，树立自信心。同时，教师还可在运动中关注师范生的心理变化，及时发现心理问题并给予指导。

### （二）培养良好的生活习惯

#### 1. 加强生活习惯教育

学校应将生活习惯教育纳入日常教育教学内容，通过课程、讲座、实践活动等形式，传授良好生活习惯的知识和技巧，培养师范生养成健康生活方式的意识。

#### 2. 养成健康的饮食习惯

良好的饮食习惯是身心健康的基础。学校应提供营养丰富、卫生合格的食物，引导师范生养成合理膳食、定时定量的饮食习惯。同时，教育部门和学校还可以开展饮食健康教育活动，让师范生了解营养搭配和健康饮食的重要性，培养他们自主选择健康饮食的能力。

#### 3. 养成良好的作息习惯

保证充足的睡眠和合理的作息对师范生的身心健康至关重要。学校应通过制定科学的课程安排和作息时间，引导师范生养成早睡早起、午休充足的习惯。此外，学校还可以通过开展睡眠健康教育，让师范生了解良好作息对身心健康的重要性，提高他们自我调节的能力。

#### 4. 培养良好的学习习惯

良好的学习习惯有助于提高师范生的学习效率和成绩，同时也是提高心理素质和适应能力的重要途径。学校应通过开展学习方法和技巧的培训，指导师范生养成定时复习、合理安排学习时间、积极参与课堂讨论等良好学习习惯。此外，教师还应关注师范生的学习心理，帮助他们建立自信心，克服学习困难。

5. 培养良好的人际交往习惯

良好的人际交往能力是提高师范生心理素质的关键因素。学校可以通过开展团队合作、沟通技巧、人际关系处理等课程和训练，帮助师范生提高沟通能力、增进人际关系、建立良好的人际网络。同时，学校还应注重培养师范生的同理心、包容心和尊重他人的品质，使他们更好地融入集体，形成积极的人际互动。

### （三）提升情绪管理能力

1. 强化情绪管理教育

学校应将情绪管理教育纳入日常教育教学内容，通过课程、讲座、实践活动等形式，传授情绪管理的知识和技巧，帮助师范生认识和理解自己的情绪，提高情绪调节能力。

学校可以在课程设置中增加情绪管理课程，教授师范生如何识别、表达和调节情绪，以及如何在面对挫折和压力时保持良好的心态。学校还可开展情绪管理讲座，邀请心理学专家和实践者开展情绪管理主题讲座，分享情绪管理的理论知识和实践经验，启发师范生对情绪管理的思考。

2. 培养情绪认知能力

师范生应学会正确识别自己和他人的情绪，了解情绪产生的原因和表现形式。学校可以通过心理学课程、情绪认知训练等方式，帮助师范生提高情绪认知能力，增强他们在面对情绪问题时的应对能力。

3. 培养情绪表达能力

学会恰当地表达自己的情绪是提高情绪管理能力的关键。学校应通过沟通技巧训练、角色扮演等方法，指导师范生学会以积极、健康的方式表达情绪，避免情绪积压和冲突。

4. 培养情绪调节能力

师范生应具备面对不同情境时自我调节情绪的能力。学校可以通过开展心理辅导、情绪调节技巧培训等活动，帮助师范生掌握有效的情绪调节方法，提高他们应对挫折、压力等不良情绪的能力。

5. 培养情绪转化能力

学会将消极情绪转化为积极能量是情绪管理能力的高级表现。学校可以通过心理素质训练、挑战性活动等形式，帮助师范生学会将消极情绪转化为动力，激发他们在面对困难和压力时保持积极向上的态度。

### （四）关注心理健康

1. 加强心理健康教育

学校应将心理健康教育纳入教育教学的重要内容，通过开设心理健康课程、讲座等形式，提高师范生的心理健康意识，帮助他们掌握心理健康知识和技巧。

2. 建立心理健康服务体系

学校应建立完善的心理健康服务体系，包括心理咨询、心理测评、心理辅导等多种服务，为师范生提供及时、有效的心理支持。同时，学校还应加强对心理健康工作人员的培训和管理，提高心理健康服务的专业水平。

3. 关注师范生心理困扰

学校应密切关注师范生的心理问题，及时发现他们的心理困扰，避免心理问题恶化。教师应当加强与学生的沟通和交流，了解他们的心理需求，为他们提供关爱和支持。

4. 开展心理健康活动

学校可通过组织各类心理健康活动，如心理健康主题月、心理健康讲座、心理健康实践活动等，提高师范生的心理健康素质。此外，学校还可以借助校园文化建设、艺术活动等多种形式，丰富师范生的精神生活，促进他们心理健康的发展。

5. 加强家校合作

学校与家庭在师范生心理健康方面应形成合力，共同关注和促进师范生的心理健康成长。学校可以通过家长会、家访、亲子活动等方式，加强与家长的沟通和合作，让家长了解学校心理健康教育的内容和方法，共同关心和支持师范生的心理健康。

**（五）信息技术赋能身心健康教育**

随着信息技术的飞速发展，其在教育领域的应用已成为必然趋势。信息技术的普及和应用为师范生身心素养的培养提供了新的途径和手段。以下论述如何利用信息技术赋能身心健康教育，以提升师范生的身心素养。

1. 建立线上线下相结合的健康教育平台

学校应整合现有信息技术资源，建立线上线下相结合的健康教育平台。线上平台可以提供丰富的健康教育资料、心理测评工具、在线心理咨询等服务，帮助师范生自主学习和了解身心健康知识；线下平台则可以组织各类讲座、座谈会、心理辅导等活动，为师范生提供互动交流的机会。

2. 应用大数据技术关注师范生身心健康

学校可以利用大数据技术收集和分析师范生的学习、生活、运动等方面的数据，以便更好地了解他们的身心健康状况。通过对数据的深入挖掘，学校可以制定针对性的教育和干预措施，提高师范生的身心素养。

3. 利用网络课程开展心理健康教育

学校可充分利用网络平台，推广心理健康教育课程，让师范生在空余时间自主学习心理健康知识。同时，学校还可通过在线讲座、互动讨论等方式，邀请专家为师范生解答心理健康方面的问题，提升他们的心理素养。

4. 使用移动应用辅助身心健康教育

学校可以推荐一些专业的移动应用，如运动健身类、心理辅导类等，帮助师范生跟踪自己的运动数据、心理状况，进行自我调节和优化。同时，这些应用还可为师范生提供个性化的健康建议和心理支持，促进他们的身心健康。

5. 利用虚拟现实技术开展心理治疗和训练

虚拟现实（VR）技术为心理治疗和训练提供了新的可能。学校可与相关机构合作，引入基于 VR 技术的心理治疗和训练项目，帮助师范生在沉浸式的虚拟环境中进行心理调适，缓解焦虑、压力等不良情绪，提高心理素质。

6. 创新远程心理咨询服务模式

学校可以借助信息技术，实现远程心理咨询服务，为师范生提供更加便捷的心理支持。通过视频通话、在线聊天等方式，师范生可以随时随地与心理专家进行沟通，获得及时的心理帮助。

# 参考文献

[1] 张献图 . 师范生职业生涯规划与教学能力培养研究 [M]. 西安：陕西科学技术出版社，2022.

[2] 王煜，王芳 . 数学师范生 TPACK 及 STEM 教育能力差异性研究 [M]. 西安：陕西师范大学出版总社，2022.

[3] 张琳 . 指向核心素养的师范生信息化教学能力研究 [M]. 上海：上海交通大学出版社，2021.

[4] 闫闯 . 乡贤文化视域下公费定向师范生教育研究 [M]. 长春：吉林大学出版社，2021.

[5] 马贵俊 . 核心素养视角下的师范生职前培养研究 [M]. 北京：北京工业大学出版社，2021.

[6] 唐世纲 . 师范生教学技能训练与考核研究 [M]. 成都：西南交通大学出版社，2019.

[7] 马建军 . 师范生整合技术的学科教学知识（TPACK）发展研究 [M]. 长沙：湖南师范大学出版社，2019.

[8] 朱贤友，唐芳贵 . “互联网 + 教育”背景下师范生信息化教学实践研究 [M]. 延吉：延边大学出版社，2021.

[9] 郭英，周磊 . 师范生综合素质培养的探索 [M]. 成都：四川大学出版社，2017.

[10] 黄玉新 . 新课程下师范生教学技能应用指导 [M]. 银川：阳光出版社，2018.

[11] 程林钢 . 新媒体与新平台环境下高职师范生信息化应用能力培养与提升 [M]. 北京：中国书籍出版社，2021.

[12] 陈智勇，谢小川 . 师范生教学能力培养的理论与实践 [M]. 成都：四川大学出版社，2016.

[13] 杨泉良 . 高师人才培养的从业导向 [M]. 开封：河南大学出版社，2019.

[14] 何李来 . 高师院校教育类课程教师教学能力发展研究 [M]. 福州：福建教育出版社，2022.

[15] 方永，韩立品，宋曦萌 . 对新时期高师院校声乐教学模式的探索与研究 [M]. 长春：吉林人民出版社，2019.

[16] 黄奕霏 . 公费师范生教师职业信念现状及提升策略研究 [D]. 长春：东北师范大学，2022.

[17] 杨乐 . 师范生 STEM 教育能力框架构建及培养策略研究 [D]. 哈尔滨：哈尔滨师范大学，2022.

[18] 吴敏 . 供需耦合下师范生教师胜任力研究 [D]. 乌鲁木齐：新疆师范大学，2022.

[19] 高秀娟 . 师范生职业情感及其发展路径研究——以 Y 省师范大学为例 [D]. 昆明：云南师范大学，2022.

[20] 迟晓健 . 师范生教学中信息技术应用行为的影响因素研究 [D]. 金华：浙江师范大学，2022.

[21] 戴含冰 . 教育实习对师范生从教准备度的影响研究：以 Z 大学为例 [D]. 金华：浙江师范大学，2022.

[22] 李筱溪 . 地方师范院校师范生教师领导力培养研究——以 H 校为例 [D].

石家庄：河北师范大学，2022.

[23] 解瑞佳 . 师范生职业生涯规划能力培养研究 [D]. 沈阳：沈阳师范大学，2022.

[24] 苏小桐 . 新时代师范生师德培育研究 [D]. 沈阳：沈阳师范大学，2022.

[25] 郭星 . 师范生数字素养特征、影响因素及培养策略研究 [D]. 成都：四川师范大学，2021.

[26] 徐丹婷 . 教育实习对师范生职业认同的影响研究 [D]. 安庆：安庆师范大学，2021.

[27] 张美琴 . 教育实习对师范生专业成长的影响研究 [D]. 安庆：安庆师范大学，2021.

[28] 石俊杰 . 数据驱动的师范生教学能力智能评估系统的设计与应用 [D]. 金华：浙江师范大学，2021.

[29] 黄书生 . 近代中国师范生教育实习研究（1897—1949）[D]. 福州：福建师范大学，2021.

[30] 黄荣伟 . 师范生教学技能过程诊断的设计与应用研究 [D]. 金华：浙江师范大学，2021.

[31] 田欣雨 . 师范生信息素养评价及培养研究 [D]. 黄石：湖北师范大学，2021.

[32] 李媛媛 . 师范生教育教学能力评价指标体系构建研究 [D]. 重庆：西南大学，2021.

[33] 王志临 . 基于虚拟现实技术的师范生信息化教学能力提升策略研究 [J]. 湖北开放职业学院学报，2023，36（6）：157–159，162.

[34] 芦会影，高少宇，赵玉芬 . 地方本科院校师范生教师职业能力现状及培养策略研究 [J]. 邯郸学院学报，2023，33（1）：90–95.

[35] 周荣秀，刘灿群，张敏 . 小学教育专业师范生教学实践能力调查研究：

以 H 大学小学教育专业为例 [J]. 当代教育理论与实践，2023，15（2）：57–62.

[36] 麦艳航，何玲玲 . 需求侧视角下卓越师范生核心能力结构研究 [J]. 西部素质教育，2023，9（5）：22–25.

[37] 吴能表，石定芳 . "强师计划" 战略背景下师范生实践能力评价的价值、困境与路径 [J]. 重庆师范大学学报（社会科学版），2023，43（1）：25–32.

[38] 裴慧华 . 基于师范生能力培养的数字化教学资源平台建设探究 [J]. 大众科技，2023，25（2）：167–169，151.

[39] 武月红，赵璇，卢玲 . 核心素养背景下师范生教学能力的培养 [J]. 黑龙江科学，2021，12（9）：122–123.

[40] 王成林，周凯，杜晓敏，等 . 技术赋能师范生教育实习共同体：活动模型构建与实践应用 [J]. 现代教育技术，2023，33（2）：99–109.

[41] 郭顺峰 . 我国师范生教育实践演进特征及优化策略：基于政策文本分析的视角 [J]. 教育与教学研究，2023，37（2）：80–94.

[42] 刘灿群 . 小学教育师范生教学实践能力培养的行动研究：以 H 大学小学教育专业为例 [J]. 当代教育理论与实践，2023，15（1）：70–74.

[43] 侯冬青，袁宇峰 . 师范生信息化教学能力评价与提升对策：以 X 师范学院为例 [J]. 陕西教育（高教），2023（1）：56–59.

[44] 齐静怡 . 从技能竞赛视角看师范生教学实践能力的困境与突破：以丽江师范高等专科学校为例 [J]. 新西部，2022（12）：159–161，164.

[45] 李文春，罗瑜珍 . "知行并进" 培养学前教育专业师范生师德践行能力：以闽西职业技术学院为例 [J]. 闽西职业技术学院学报，2022，24（4）：74–77.

[46] 廖丽华，江立员 . 高师院校师范生核心素养评估指标体系探析 [J]. 科

学咨询（教育科研），2022（10）：26–29.

[47] 朱月 . 高校师范生教学实践能力培养模式研究 [J]. 辽宁师专学报（社会科学版），2022（5）：112–115.

[48] 张立友 . 卓越教师培养视域下英语师范生情感素养培育路径 [J]. 焦作师范高等专科学校学报，2022，38（3）：62–65.

[49] 刘婷，徐兆佳，陈颖颖，等 . 大数据视角下师范生数据素养能力培养策略研究 [J]. 湖北第二师范学院学报，2022，39（9）：66–70.

[50] 何莉萍 . 核心素养视域下高校英语师范生教学技能培养 [J]. 海外英语，2022（17）：160–161.

[51] 吴秀芳 . 新时期民族地区师范生职业素养培育刍议：基于“师”与“范”的内涵解读 [J]. 中国多媒体与网络教学学报（上旬刊），2022（8）：135–138.

[52] 高少宇，芦会影 . 师范生核心素养与教学效能关系研究 [J]. 西部学刊，2022（14）：124–127.

[53] 张辉哲 . 高职师范生专业核心素养培养路径探究 [J]. 辽宁师专学报（社会科学版），2022（3）：111–113.

[54] 谢明亮 . 新时代师范生核心素养的本位、导向及养成路径 [J]. 岭南师范学院学报，2022，43（3）：63–72.

[55] 袁旭，王碧静，徐洁 . “互联网＋新师范”：师范生人才培养模式创新研究 [J]. 岭南师范学院学报，2022，43（3）：87–94.

[56] 李先锋 . 有效提升师范生的核心素养：基于工作坊的高等师范教育教学模式初探 [J]. 乐山师范学院学报，2022，37（5）：109–117.

[57] 张鸽 . 高职院校全科师范生语文教学实践能力提升途径研究 [J]. 江西电力职业技术学院学报，2022，35（4）：47–48，50.

[58] 傅利琴 . 辅导员加强师范生教学实践能力培养的策略探究 [J]. 佳木斯

职业学院学报，2022，38（3）：113–115.

[59] 郑国萍，孙秋霞，侯开欣，等．基于师范生教学实践能力培养的混合式教学模式研究：以河北科技师范学院小学教育专业为例 [J]. 办公自动化，2022，27（3）：59–61.

[60] 李卫芳．师范专业认证与师范生核心素养提升研究 [J]. 开封文化艺术职业学院学报，2022，42（1）：55–57.

[61] 罗雨晴．新时代背景下师范生核心素养培养的路径研究 [J]. 河北广播电视大学学报，2021，26（6）：102–104.

[62] 李晓莹．以教学实践能力为核心的师范生钢琴课程改革实践 [J]. 大众文艺，2021（12）：147–148.

[63] 武月红，赵璇，卢玲．核心素养背景下师范生教学能力的培养 [J]. 黑龙江科学，2021，12（9）：122–123.

[64] 郭多华，张晓丹，周兰，等．高师院校本科师范生教学实践能力培养的全程化探索 [J]. 成都师范学院学报，2021，37（4）：63–69.

[65] 王娜，张雪冰，许可．英语师范生教学实践能力培养现状及对策研究 [J]. 外国语文，2021，37（2）：103–107.

[66] 洪敏，张绵莎，李煜，等．师范生课堂教学组织能力提升策略的个案研究：以潮汕童谣教学实践为例 [J]. 科教导刊，2021（5）：183–186.

[67] 肖芙蓉．高校师范生教学实践能力现状及改革路径分析 [J]. 高教学刊，2021（2）：153–156.

[68] 杨翔．浅谈高校教师的教学实践指导能力提升策略：以小学教育专业为例 [J]. 科教文汇（上旬刊），2021（1）：128–129.

[69] 李惠，任丽婵．实践教学在高师人才培养中的实施研究 [J]. 教育观察，2021，10（1）：124–126，130.

[70] 任金花，裴云．以教学实践为主导的师范生职业适应能力培养模式的

构建研究：以忻州师范学院马克思主义学院政教专业为例 [J]. 教育观察，2020，9（42）：76–79.

[71] 江立员，李红 . 全科型教师视阈下小学教育专业师范生综合素养探究 [J]. 科学咨询（科技 · 管理），2018（11）：15–16.